外交工作的回憶

原著：金問泗　主編：蔡登山

金問泗的駐外生涯回首

【導讀】

金問泗和他的外交回憶錄

蔡登山

在二〇一六年五月，《金問泗日記》（上冊）由中研院近代史研究所出版，而《金問泗日記》（下冊）也在二〇一七年三月出版。據當時即將卸任的中華民國駐美代表沈呂巡大使說，早在二〇〇一年，他任駐美副代表，經名記者傅建中先生介紹結識金問泗哲嗣金咸彬夫婦，並得以見到金問泗親筆日記，鑑於其史料價值，當即建議應開放給後人研究。後因不久他調日內瓦而駐歐十載，至二〇一四年，沈呂巡重返華府，金咸彬遂將父親全部日記二十餘本請托沈呂巡處置，僅盼予以出版傳世。沈呂巡遂聯絡中央研究院近代史研究所張力教授而得以出版。

金問泗對現在年輕一輩的讀者鮮少人知道了，其實他是民國時期重要的職業外交家和關稅專家。他追隨顧維鈞先生，為其得力之助手。他隨同顧維鈞出席巴黎和會，將有關中日關係及山東問題的資料條分縷析，製成卡片，當顧維鈞在會場發言及與日本代表牧野駁辯時，金問泗即檢出有關卡片，作代表發言之根據，並自記會議紀錄，至為詳盡。他由祕書、專門委員、副代表、代表、公使而大使；在外交部由科員、科長、司長而次長，科班出身，為職業外交官之楷模。他先後參加了巴黎和會、華盛頓會議及國際聯盟等多次會議，也曾先後出任中國駐歐洲五國（荷蘭、比利時、挪威、捷克、波蘭）大使，最高紀錄一人身兼與五國的外交事務。一九四六年底至一九四八年間，他作為首席代表率團參加了創建關貿總協定的一系列會議，為中國加入關貿總協定（GATT）作出了重要貢獻。這關貿總協定，也就是今天世貿組織（WTO）的前身。其他有關金問泗的生平大事，我根據他的著作《從巴黎和會到國聯》和《外交工作的回憶》等相關資料，整理成〈金問泗事略年表〉，附在書後，在此就不再贅述。

金問泗的英文著作有多種，如《中國與巴黎和會》（一九六一年出版）、《中國與華盛頓會議》（一九六三年出版）、《中國與國際聯盟》（一九六五年出版），此三書收入由薛光前主編的《美國聖若望大學亞洲研究叢書》。這些都是金問泗親見親歷親聞的第一手資料，也可說是中國外交史的「紅皮書」。而他在退休後撰寫的中文著作《從巴黎和會到國聯》和《外交工作的回憶》，也分別在一九六七年和一九六八年出版。而這兩本書，不失為研究上世紀第一、二次世界大戰期間史事的重要參考與印證資料。

其中《從巴黎和會到國聯》一書之內容，就如金問泗在該書自序所說的：「原來十九及二十世紀中日外交，萬分繁複，然試竟解決兩國爭端的國際會議，只有巴黎和會、華盛頓會議、以及日內瓦國聯（包括比京九國公約會議）三次，故我專就該三項會議情形，扼要記載，以供研究及編寫全部中日外交史者之參考。」

而其子金咸彬則更進一步談到其中艱辛的過程說：「父親和中國代表團從巴黎和會之中，深刻體會到當時中國處境之艱難；中國所提出的要求因為國家分裂而受挫，其中過程令人既氣餒又憤慨。當時中國代表有來自北京政府，也有成員代表所謂廣州政府，各有不同的提案和盤算。北京政府的代表雖然有美國總統威爾遜（Woodrow）支持，但是法國的克列孟梭（Georges Clemenceau）和英國勞合・喬治（David Lloyd George）因為兩國與日本密商協議，處處掣肘，反對中國要求，特別是歸還山東的膠州和青島一案，以致中國代表拒絕在《凡爾賽和約》上簽字。不過，中國加入了國際聯盟，父親留在歐洲（多數時間在倫敦）參與一些籌備工作，為國際聯盟在日內瓦的建立有些貢獻。一九二一年父親返回美國參加華盛頓會議，該項會議決將青島歸還中國。」

另外《從巴黎和會到國聯》一書也呈現了中華民國外交一定程度上的「以少勝多，以弱搏強」。沈呂巡先生就說：「如『九一八事變』後，雖丟掉東北，『滿洲國』不旋踵成立，軍事上是大失敗了，但顧大使、金大使等我國外交前輩在國際聯盟控訴日本侵略東北，獲國聯派遣李頓調查團（Lytton Commission）前往實地調查，其結果報告九成內容均對中華民國有利，並獲國聯會員國幾近無異議通過（四十二票贊成，僅日本一票反對，暹羅（泰國）一票棄權），日本乃憤而退出國聯。以中華民國當時國力貧弱，內外交迫，能獲國聯大會如此之外交勝利，顯見我國外交人員的優秀及努力，殊為難能可貴。」

《外交工作的回憶》是《從巴黎和會到國聯》的續寫，書中記述了若干對外交涉的重大史實，如英國兵艦在萬縣蓄意用武與存心開釁、中日間之問題、日本偷襲珍珠港以前美日兩國間交涉之緊張微妙狀況、一九四三年美英蘇三國與中國在莫斯科共同簽訂戰後設立國際機構宣言以確定聯合國安理會中常任理事國地位及英蘇兩國在此過程中設法阻撓我國參加簽字的經過等，也寫了一段段小插曲，如他代表蔣介石接受比利時自由大學榮譽博士學位、幾次覲見荷蘭女王的印象等；同時也見證了戰時中國外交的艱難和外交官工作的艱辛。民國三十三年（一九四四）六月二十八日，他在倫敦與荷蘭外長正談判交涉之際，防空警報驟響，兩人只得中斷談判，盡速避難，警報解除後入室續談，至警報又起又躲，如是三次，出門欲上車，竟見飛彈飛過，在今天恐難以想像。

除此而外，金問泗早年還編輯出版《顧維鈞外交文牘選存》，亦是非常重要的外交史料。顧維鈞常說：「前駐美公使館學習員出身的兩人：金問泗與徐謨後來都成為傑出的外交官。徐長於法律，金長於應付國際會議。晚輩如金、徐二人者不可多見。」金問泗整整三十年的外交生涯，見證了一位外交人才從初出茅廬、國內歷練、國外獨當一面、國際會議達到輝煌的成長。時光的長河，淹沒了無數曾經在歷史的長卷上留下印痕的優秀人物，金問泗無疑就是民國期間一直被忽視和遺忘的一個人。也因此在《金問泗日記》的出版之後，我們重新打字排版他的兩本重要的著作，無疑地是要讓更多的年輕讀者去認識這位民初的重要外交家和關稅專家。今天我們談世貿組織（WTO），其實它的開山祖師，確鑿無疑的是民國活躍在世界外交舞台上的金問泗，他是「中國接觸

讀金純孺先生《外交工作的回憶》感言——代序

顧翊群

昔北宋沈括氏使遼，撰《乙卯入國奏請》（並《別錄》）；元代劉郁氏佐蒙古西征中東軍，而撰《西使記》；明初費信隨中使鄭和等下西洋，撰《星槎勝覽》；同時陳誠氏則遠踰葱嶺，撰《使西域記》。迨及清季，薛福成氏任出使英、法、義、比四國大臣，著《庸厂海外文編》與《出使日記》；許珏氏任使義大臣，手譯《義國政要與財政書》；許景澄氏赴俄訂約，恒引用孟子「說大人則藐之」之語，以勗勉僚友。以上諸君子皆中華奇才豪傑之士，所著述者頗足資後人之留意與景仰也。

民國以來，外交界耆宿折衝樽俎建樹頗多，然於退休以後從事於「回憶錄」之寫作，以資遺後人者尚不多覯，此所以金純孺氏《外交工作的回憶》一書，不失為研究本世紀第一、二次大戰期間之史事者之一項重要參考與印證之資料也。

金氏系出浙江嘉興望族，其尊公籛孫先生以史學詞章著聲於當世，所著《安樂鄉人》詩文諸作，議論精當意境高超。純孺先生飽聆庭訓，早歲即器宇開朗。民五入外交部服務，先後得名師謨亞教授與長官顧少川先生之指示，故對中華學術與國際法外交史均有造詣。計其徊翔中外將四十年。退休以來，曾用英文撰寫《巴黎和會》、《華府會議》、與《中國及國聯》三書。其中文著作之發表於《傳記文學》者，先有《從巴黎和會到國聯》一書，而本書各文則繼該書之後所賡續寫作者也。所惜者今歲春間金先生已屆七六高齡，偶攖微恙遽歸道山，以致此書未克全部完成，所敘史實僅至民三十四年中荷新約簽字時為止。苟天假以年而壽臻耄耋者，則關於聯合國成立後以迄近年，國際間權力政治之明爭暗鬥，當必有更精彩之論述也。

由來寫回憶錄者，中國自孟子以降，西方自柏拉圖以降，大多有所為而發。此等作品之動機正大，文情並茂者，恒克傳世悠久。孟子與沈復之《浮生六記》，堪稱為兩種性質之代表作。至於顯達人物別有目的，而倩名手代撰者（例如史迪威將軍、毛根韜財長等自傳式之日記），乃至以「清客」為生涯之亞倫氏所著之《我所熟識之歷仕總統》，則恒如曇花之一現，而不復為純正讀音等所繼續閱讀。

金純老之《外交工作的回憶》一書，就其表面而言，乃一非有所為而為之作品也。如泛泛的考究其動機所在，則當係一位久於其職者之「經驗之談」，以俾後繼者於讀其書後之資為借鏡而已。（金氏在書中曾以對荷國之交涉中，關於亞歷山大港一案，未曾向我政府建議不必堅持桅頂懸衣係船員遇難信號，而自認粗疏，願以後外交界同仁以之為鑑。）然吾人如細心讀畢此書中所載之若干對外交涉重大史實後，則必應感覺到：作者所運用之「春秋筆法」乃係別有深心者。此為本書重心所在，吾入對之應特加體會，不可等閒放過也。茲擇取以下若干要點，條列於後，以實吾說：

一、英國兵艦在萬縣「蓄意用武」與「存心開釁」案，金氏秉承顧外長起草致英使館照會。

二、中英寧案談判最後議定就緒後，英方忽然翻案。迨四閱月後，中美談判解決後，英方乃亦與我國換文解決該懸案。

三、關於中日間之問題，金氏致黃膺白先生函中有語云：「吾儕做事，與其焦頭爛額而邀賞，不如曲突徙薪而無功。」黃氏甚然其說，並函轉張岳軍先生參考。

四、國聯行政院一九三四年特別委員會之委員間，有關「侵略國」定義之討論。

五、對荷蘭自信其力能保持中立之迷夢與其失敗經過之敘述。

六、日本偷襲珍珠港以前，美日兩國間交涉之緊張與微妙狀況，由荷蘭外長所轉告之經過，與中國駐外使館間互通消息之問題。

七、一九四三年一月十一日我國與英美兩國分別訂立平等新約，而取消各國在華治外法權及《辛丑和約》等之經過。

八、一九四三年十月卅日美英蘇三國外長與中國駐蘇大使在莫斯科共同簽定《戰後設立國際機構宣言》，以確定聯合國安全理事會中常任理事國之地位。英蘇兩國設法阻撓我國參加簽字之經過。

九、羅、邱、史三氏德黑蘭會議中，羅氏輕聽邱氏之言，而將開羅會議中羅、邱氏與蔣委員長商定南北緬水陸夾攻計畫翻案取消。

十、中荷雙方討論新約案中，我方所擬致荷方覆照初稿中，有「種族歧視為全世界輿論所指摘」字樣，為荷方所反對而刪去。

按白色與赤色帝國主義之對華侵略，十九世紀中葉以來，曾施用種種手段，無所不用其極。自國父中山先生首創三民主義而提倡革命，蔣總統秉其遺教而抗戰建國，於是亞洲民族主義興起，被侵略各國家民族，先後均獲得獨立自由。

現在白色帝國主義業已全部清算，且繼續在自食其果償還惡業之過程中，但大陸上毛匪政權仍在作崩潰前之掙扎，蘇俄之赤色帝國主義氣焰尚在高揚，世局之緊迫令人憶及二次大戰爆發前之狀況。金氏為一老外交鬥士，撫今憶昔，感念實深，且心所謂危難安緘默。故其在《從巴黎和會到國聯》書中，既對日本近年發展之趨勢，有所申說，而提出曲突徙薪之警告，在本書中則對於帝國主義者之真面目，亦根據本身交涉經驗備忘記錄等等，將其原委曲折寫出，俾吾人觀於以上之敘述，不禁觸目驚心，而對於所謂親善友好等外交詞令，不致抱純質樸的天真的看法。我國此後自強復國之工作，經緯萬端。國人在公在私之從事於外交、經濟、金融、社會、教育、文化各方面，與外國公私方面研討合作者，應如何放大眼光，知己知彼，根據原則，嚴守立場，以收互助互利之效，而不僅以杯酒言歡，循例開會，與發表宣言為能事，或甚至為所利用而不覺，斯則有賴於從事此種工作者之神而明之存乎其人，而同時金氏之著述，亦頗有足資參考之價值也。

金氏此書，除關於以上諸端有簡明扼要的敘述外，其他記載：如代表蔣主席接受比京自由大學榮譽博士學位；因發表有關日本南進政策之講演，而引致日本大使對荷國政府之抗議，乃至荷外長對金氏之抗議；為保僑事件迭次向荷政府交涉而引起雙方心理上之不愉快與對荷國若干官員之弦外之音的月旦；對荷國女王、挪威國王、捷克總統人格偉大之崇敬；對邱吉爾、戴高樂、施墨楮等人之公正論評；以及於身兼五館職後，所撰本事之詩篇若干首；均係以儒家忠厚之旨，而作春秋筆法之記事與論斷。吾人於捧讀之餘，只覺其褒貶平允，而有游夏不能贊一辭之感。

傳記文學社近年出版叢書叢刊多種，均甚有價值，為士林所稱道。承劉紹唐先生以本書序文相屬，自維學殖譾陋，何足以負斯任。然生平與純老相知甚久，且誼屬姻婭，對其立身行事嚮所景儀，因推論純老近年撰寫著述之本旨，並臚述個人讀此書後之感想，草茲代序一文以歸之。

目次

Contents

大戰中住英四載

附錄

我回國服務期間經手的幾樁小事

華府會議既散會，我請假回國省親。我父名兆蕃，號籛孫，別號藥夢，光緒己丑舉人，時年五十五歲，供職北京財政部。母松江耿氏，名兆璣，號蕙君，長我父一歲。時遭祖母錢氏之喪，母候終喪乃北上，故仍居浙江平湖老宅。我還里拜母，嗣我於七年前填〈清平樂詞〉一首，追題母五十六歲小像，其前半闋云：「兒歸萬里。阿母真歡喜。遺影重瞻思往事。繞膝晨昏有幾。」即指此。

未幾，顧（少川）公使亦自倫敦回國，我在滬與偕往北京。我以李丈景銘推薦，先派在財政部服務，專研關稅問題。李為我父財部同事，華會任我國代表團專門委員，因與熟識。外交部旋調我回部，派通商司榷稅科辦事，兼在關稅特別會議籌備處服務。顧氏到京，政府特設全國財政討論委員會，派令主持。居數月，國務院改組，入長外交。令我在其鐵獅子胡同私宅辦公，同時我又兼助辦籌訂中蘇新約等事務。因此到司日少。通商司長周傳經，對我頗不滿意。循例考績，問該司何人辦事最不得力，周以金問泗對，顧外長一笑而已。我又迭奉部派為我國在日內瓦的國聯代表辦事處祕書，然迄未往就。民國十三年五月三日，我在北京南長街八號結婚，我妻朱美方，號玉君，四川犍為人。及胡維德長部，保我為僉事。嗣王正廷長部，適政務司幫辦缺出，王以該司需要能擬英文稿的人員，意欲調我升補，我聞諸階平（條約司司長錢泰），卻未進行，既而以詞訟科科長江華本調補，我則補其遺缺。蓋我民五考進外交部，本派為該科學習員，時則江君已任科長，故論資格，彼當居先，毫無問題。

民十三年吳佩孚、張作霖之戰，以直軍馮玉祥回師北京，吳失敗，奉張乘勝擴張勢力，達於長江。次年八月底，段執政接受奉方要求，以楊宇霆為江蘇督軍。常縣人吳少祏晉，當巴黎和會時，服務於駐巴黎之我國軍事代表團，我遂與相識。吳回國後，各處兜售軍火，因與奉方接近，楊引為親信人。至是，楊欲改派上海交涉員，吳君以我保薦，並薦我的同事趙泉為江寧交涉員。我與趙同往南京晤楊，我謙讓勿遑，表示願與趙君交換位置，楊以為然。語我曰：姑派趙往，倘不勝任，即予撤職。此為我初次與北方高級軍人晤談，察其口氣之大，性情之豪爽，印象頗深。既而階平屢來私電促我北返。及返，而浙之孫傳芳，起兵抗，江以南奉軍，渡江北退，楊宇霆亦竟倉皇北走矣。

民十四年十月底，關稅特別會議在北京開會，我國代表團廣置人員，規模頗大。沈瑞麟外長，我以歷年擔任關稅問題，粗有所知，託人表示欲就議案處處長職。沈以我資格不夠，派階平為處長，而以我為幫辦，此當然亦是兼差性質。

我在北京外部五年餘，經辦例行公事外，碌碌無所貢獻。偶有特辦事件，原屬職掌所在，且亦寥寥無幾，茲姑補敘「萬縣案」一事於次。

長江上游，每有外國商輪浪沉民船之案。十五年八月二十九日，英商太古公司之萬流輪，上駛厲縣，正在雲陽地方照例停駛候客之際，有楊森部下若干人，駕一小船，划向該輪，請予搭載。詎小船方在河心，該輪突開快車，以致浪沉。萬流輪乃離埠他駛，不予相當賠償。楊森遂將同公司之萬縣、萬通兩輪扣留。英國砲船乃以營救被扣船隻及船員為名，於九月五日，對準萬縣，開砲轟擊，我國人民生命財產，受有損失。是為萬縣案。事經外交部提向英使館交涉，英館覆文，認楊森不顧英國對中國內戰所守之中立，強令英輪輸運軍隊，為本案直接原因，並稱英方開砲為自衛，又以扣留英船及駐紮武裝兵隊，謂與水寇行為無異，而歸結於當地力謀和平解決，但以釋船為先決條件。此文尚未答覆，吾國地方官，已先數日與英艦人員及駐宜昌英領事議定辦法，擬組織浪沉木船調查會，以處理歷年浪沉案件，其本案賠償損失要求，雙方各自保留，至此遂將所扣兩輪釋放。旋顧維鈞復任外長，乃於是年十一月二日，照會英麻使Sir Ronald Macleay（麻克類）。該照會對於英方所稱英輪嚴守中立，暨英艦舉動出於自衛，以及楊森扣船無異水寇行為各節，婉詞辯駁；而以為「蓄意用武」及「萬縣全案係存心開釁之結果」，其語頗堪玩味。因提出正式抗議，保留我國一切權利，質問砲擊萬縣之英艦人員，是否奉有英政府訓令？並請阻止將來發生類似舉動。該照會原稿英文，我以主管科長（即詞訟科）在顧外長宅，秉承其意旨起稿，面送審核修改。既定稿，我又為譯成本國文。外交文件，以本國文為正件，英譯為副件，原稿雖屬英文，亦作為副件。是日（十一月二日）我在科中候閣議通過，得顧外長電話，遵即發出。並未先送請主管政務司長及次長核閱。事後全文披露，駐京日本使館，有人打電話問階平此件何人起稿？則以金問泗對[1]。

民十六年，國民政府成立於南京，令黃郛（膺白）為上海特別市市長。黃先生約我南下，任參議。不久，先生引退，張定璠繼任，商諸先生，令我連任如故。翌年，先生受命為外交部長，派我為第一司司長，既又派我為江蘇交涉員。任職年餘，我奉命為駐荷公使，以母哀未即往就，暫服務於農礦實業二部。旋遭母喪。迨九一八瀋陽之變，外長王正廷辭職，而以顧維鈞繼任。我代理次長。錦州中立議起，民眾反對，結群示威。政府改組，我與顧公同時辭職，往住上海。一二八淞滬之役，政府又改組。一日，顧招我往談，至則適有他客。顧公長兄敬初，邀我至別室，語我曰：政府欲令少川復任外長，為緩和各方反對計，令其先到國外走一趟，歸國後乃就任。現正趕辦護照手續，俾可即日成行。此刻來見之人，是宋部長派來的，可能即來接洽此事。在少川未回國前，欲請老兄暫代部務看家。我又謙讓勿遑，謂恐不能勝任。敬初憤然曰：

1 上段節錄我所撰（一），〈英艦非法礮擊萬縣案經過情形之回顧〉，見十九年八月十日第二十七卷第十五號《東方雜誌》第三十五至四十四頁。（二）《顧維鈞外交文牘選存》第十第十一各頁。又十五年十一月二日萬縣案外交部致英麻使中曉文照會，均見是書。

你真太膽小了！及客去，進見少公，乃知此議已完全取消矣。民二十一年，李頓調查團來華，顧氏任中國代表assessor，會同參加，我隨往北平襄助。是年，顧氏奉命使法國，兼任國聯行政院代表，同時派為三代表之一，以出席處理中日問題之特別大會。我以副代表地位，襄助團務。我乃偕美方，挈長子咸彬，繞法國赴日內瓦。（我次子咸彰及女咸琯是隨後來歐的。）次年即民二十二年，我再奉命為駐荷公使，是年八月，往海牙到任，此當見諸後篇，茲不先述。

我一生踪跡與事蹟，很少有記載價值。至在南京外交部及上海交涉署服務時期，並覺「乏善足陳」。茲姑擇較有意義的四樁事：（甲）中英寧案談判經過，（乙）何世楨為臨時法院院長的交涉，（丙）交涉署的一次聯合會議，（丁）排日問題之鱗爪。試為分段簡敘於後。

中英寧案談判經過

十六年三月二十四日，國民革命軍克復南京，正在肅清敵軍餘孽，秩序混亂之際，有共產黨徒，鼓煽一部分軍隊及地方流痞，卻掠駐寧各領館及外僑住宅，並死傷領館官員暨外僑若干人，企圖牽動外交，陷政府於對外困難。於是英美兵艦，向南京城開砲轟擊，以掩護其僑民，致我國軍士民眾，死傷甚多。是為南京事件，又稱寧案。我政府既建都南京，即欲早予解決。其時各國使館，尚未遷寧，乃派司法部長王寵惠，就該案中英部分，先與駐滬英總領事巴爾敦Sir Sidney Baxfon晤談。嗣以英使藍浦生Sir Miles Lampson來滬，並與晤談。草就討論基礎案，一以標明我政府所負之責任，二以規定道歉懲處賠償各項，至關於英艦砲擊南京之提及，與我方修改條約之請求兩節，英使固視為軼出其政府訓令範圍之外，但仍載在該基礎案內。然王部長之談判，未得結果。

次年三月間，以此案中英部分是我的主管事項，奉黃部長派與上海英總領事，就原基礎案，接續談判。亦以英藍使適又抵滬，我及黃部長並與英使會晤。自三月二日起至十一日止，經過九次討論，始有頭緒。茲將三月三日晚七時至十二時半我與巴爾敦君之會談，摘要錄出於後。

泗首先聲明凡必辦不到之要求，請勿提出。又現在我國情形，斷非二十餘年前可比，此次解決寧案，若再抄襲《辛丑和約》舊文章，無論何人為外交當局，皆辦不到。

英方指定第六軍軍長程潛為寧案禍首，須予查辦。泗謂此係一種毫無根據之猜疑。況程正在鄂辦理剿洪，成績卓著，可表明其本人對於本案之態度。英方若必欲堅持此點，無論何人為外交當局，且無論外交部在何處，皆辦不到。並言以《凡爾賽和約》之尊嚴，猶不能將德皇及其他歐戰禍首，傳案訊辦。故必不可能之事，請勿堅持[2]。

結果議定由我政府自動頒布懲罰令，不提程潛，且與外交文書分開。巴又謂近年來，國民政府對於外人挑撥案件，層見迭出，去年寧案發生，可謂造乎其極。足證係有系統的有組織的仇外行為。蓋雖為群眾行為，實有公家慫恿。故須由貴國政府用書面擔保，嗣後對於外人絕無強暴及挑撥行為。

泗謂適才巴君所說各種對外案件，姑假定均係事實，依余個人看法，恐皆根源於一九二五年五月三十一日之滬案。但余今晚並不欲討論該案，想貴總領事亦無此意。至所稱禁令，就正面文章言，即係保護列僑。關於此事，我政府實已三令五申。每次軍隊出發，必為切實誥誡。況自國民政府在寧成

2 十七年五月二十三日中央政治會議准李宗仁電請將程潛免職查辦。但當然與寧案無關。

立以來，查明一二地方偶有越軌行動，確係內外共產黨所煽動而發生，是以先則從事於清黨運動，繼則與蘇俄斷絕關係，事實具在，不難覆按。至請公家慫恿仇外運動云云，不知何所指而云然？豈貴總領事曾見有我政府獎勵仇外運動之文告耶？

巴謂此種文告，卻未見過，現在形勢，亦固已較前改善。然國民政府既以黨治國，而仇外標語，又皆係黨部所為，是以政府不能逃其責任。

泗謂群眾運動，政府現已切實取締。以後黨部一切宣傳等事，自當受政府之控制矣。

巴謂話雖如此，然各地似尚有政治分會，中央鞭長莫及，未見其真能控制。遂堅持禁令一層。

泗謂至多限度，亦只能仿照懲辦令辦法，由我政府自動下一保僑令，但絕不能附在外交文書中。

巴謂可與外交文書分開，遂照此議定。

關於賠償損失一層，泗謂我政府願將領館損失，即予賠償；其餘當於合理及必要範圍內，俟中英聯合調查委員會成立，核實估定確數，再為充分賠償。

巴謂人民方面，視賠償損失為最要。故所擬領館損失先償一節，恐英國國民方面，或致誤會，謂此次解決本案，只顧公家損失，而置人民損失於後，反有一種不良印象發生，似為不妥。

泗謂領館損失先償之提議，原為表示我方誠意，期得一種好印象，若其結果，不幸而反於其所期，則余可將此議撤回。

巴謂撤回可以不必。惟對於民家的損失，須以合理及必要範圍為限，未免限制太嚴。泗提議用依照國際公法各項原則字樣。旋巴總領事又切詢賠償計畫。泗答謂黃部長正與主管長官會同商酌中。

旋討論砲擊修約兩點，巴仍認為軼出訓令範圍，且謂與本案無關。然並未刪去。全部討論完畢，巴將結果擇要記錄，謂當報告藍使。泗亦謂今晚係非正式交換意見，余亦當報告黃部長云。

嗣經議定來往節略各稿，比較原基礎案，頗有改善。例如原案有政府負其責任之語，茲則雖仍表示抱歉，而無負責明文，此則尤為顯著者。其解決辦法第五節，即關於修改條約一節，最為我方所重視，原案本有廢舊約訂新約一節，此次要求改約，即是此意。惟更加入解決各項懸宕問題一語，以為他日要求解決上海租界問題，五卅案、沙基案、萬縣案，以及其他各項問題之張本。且又加入「為解除煽動者藉以破壞中外友誼之口實計」一句，以標明現行條約之存在，及各項懸宕問題之未了，未始非南京事件發生之遠因之一。此節文字，幾經磋磨，始議定為「外交部長最後表示，希望南京事件解決之時，在中英兩國外交關係上，開一新紀元。並提議為欲除去煽動者藉以破壞中外各國間友誼之口實計，英國政府，從早設法以平等及互相尊重領土主權為基礎，從事於修改現行各項條約，及解決懸而未決之各項問題。」

至英使對該節之覆文，並經議定如下：「關於第五節，英國公使，以英國政府對於該節略內所表示之願望，完全同意。對於中國人員根本修改現行條約之志願，英國政府素重友誼而抱同情之態度，此可證諸一九二六年十二月十八日發表之宣言，及一九二七年一月二十八日之七項提案。至其實行者，約以國民政府表示同樣之親善及誠意之精神為標準也。」

三月十一日，藍浦生會晤黃部長，作最後之議定，允即日電達英政府，作為雙方同意之件。在我方以為如此議定，一年懸宕之事件，可以幸告結束。縱使尚須請示政府，而藍使既係銜命來寧，則其本國政府之意旨安在，自是不無把握；況此番議定各節，大半脫胎於上事《王巴草案》，事隔多時，即自此次繼續開議以來，亦逾旬日，在藍使自無不向政府隨時報告之理。苟英政府有根本上難以同意之點，自必為藍使所深曉。職是之故，當時議已就緒，預料大致可無問題。遂不待藍使回音，先於是月（三月）十六日頒發懲辦及保僑二令。蓋二令本係自動頒發，原無須他國之贊同，且非如此不足以表示我方之十分誠意也。

不料次日（十七日）藍使來晤黃部長，據稱奉政府電訓，備加詰責，對於公文內提及砲擊修約二層，尤不滿意，所稱賠償計畫，亦覺太無實際等語。黃部長諒解藍使困難情形，願對於賠償一層，為進一步之考量。惟以砲擊修約二層仍載在同一公文內，並仍由英政府答覆為前提。藍使當時曾提議將該二事載在另一公文內，但並不堅持此說。討論結果，對於賠償問題聯合委員會，酌擬訓令數條，由藍使鈔繕英文而去。並允即電英政府對於各點，切實建議。在我以為經第二次議妥以後，必可藉此解決，毫無疑義。英方亦派員與我斟酌來往公文中的英文譯稿，期與原文恰合。並由雙方人員，洽定英使旅京日程，何日互換公文，何日恢復英領館以及拜客宴會等細目。

豈知是月二十三日，駐寧英總領事許立脫W. Meyrick Hewlett代表藍使到部，面稱藍使奉到政府電訓，對於公文內，載明砲擊修約兩點，完全反對。茲藍使提議調停辦法，擬將所議各公文，概予取消，貴國亦可不表示抱歉。但須請由貴國政府另頒一令，擔任賠償損失，並組織中英聯合委員會云。當答以如此辦法，不啻將議定各節，根本推翻，殊深詫異。且無一公文足以證明南京事件業經解決，既與外交慣例不合，亦恐流弊滋多，礙難照辦。但鑒於藍使對本國之困難情形，對我國之友誼好意，不惜為最後之讓步，願將砲擊一層取消，在我亦不表示道歉，並願將修約一層，載在另一公文內，仍由英方照覆，與他公文同日互換，為最後之辦法。

二十四（星期日）晚黃部長派我往滬，於次日晨與張公權同晤見藍使。彼謂倘有公文形式，仍須我方表示抱歉並堅持其所提調停辦法，對於砲擊修約二層拒絕再談。惟謂修約一層，彼可於到京演說時提及。因出示談話紀錄一段：內有部長派泗到滬留藍使，至下星期三止，並聲明很有希望，到彼時可將調停辦法，不加修正，全部通過等語[3]。請我簽字，當經拒絕，藍使遂於是日啟程

3 此件似係上一天預備好的，故用下星期三字樣。

北行。中英寧案談判，因以停頓，然兩方均非正式表示仍當繼續談判，期於早日解決云。

藍使於請簽該項談話紀錄時，頗露窘態。我以其含有最後通牒意味，斷然拒簽，毫無猶豫。然當時儘可答以當請示部長，故作迴翔，以觀其計將安出。今於四十年後回思往事，若從純粹的客觀看法，寧案發生，實不能歸咎於不平等條約。況在英方早已迭有願意修約表示，但以我國有統一全國的政府為前提，雖云推諉，亦是實情。且即使修約一層，明載換文，而所議定之英方覆文，但有同情的表示，並無具體的接受，則與藍使演說提及，實係相差無多。惟以國府政策及體面關係，對此點無可讓步。亦以我奉命談判之初，會談地點，為報界所探知，時事新報館派其外勤顧某，深夜坐候於英領館門前我的車內，我固想法避免多談，然一以歡喜個人稍稍出些風頭，二恐守口如瓶，記者亂報，反而不妥，故於可能範圍內略告內容。乃記者渲染其再報導過多，致令當局益鮮迴旋餘地。可見我經驗不夠，及今追憶，於公於私，有負膺公之處良多！然膺公事無鉅細，皆默然自己負責，不獨對我毫無責備，反又派我為上海交涉員。語我曰：「我本極願與復初（原任交涉員郭泰祺）共事合作，然自我就外長職後，伊從未來看過我。我倩人告伊，我對伊毫無成見，但欲請伊來當面談談，而伊竟置不理，故決定將伊免職，派你前往接替。」我受寵若驚，不知所答。又語我曰：「你倘覺外放與你不相宜，過些日子，仍可內調。」此其用心之周密與待人之誠懇，豈止尋常知遇而已哉？

自寧案中英部分談判停頓後，無多日，美使馬慕瑞到滬，拜晤黃部長。大致依據黃部長與英藍使議定各點，將中美部分解決。其砲擊修約二點，並經美使接受，但作為附加換文，不與解決該案之本文，混為一談，此即藍使所提而為我方所贊同將該二事載在另一公文內之意。至修約一層，美使覆文，較之中英原議，有充實修正處。蓋美文明言，必須我國方面有足以代表中國人民而能推行實權的政府，乃能將中美條約關係予以重整。各點既議妥，是年是月（三月）三十日在上海換文，結束寧案。固然，中英談判，未得告成，然實為中美談判之先鋒。亦緣美馬使本人，國內一部分輿論，嫌其對中美外交事件之解決，不夠出力；而美國是年復值總統競選，亟欲對中國表示親善，以求多得選民之擁護，亦未始非促進解決寧案之動機。

自中美部分解決，中英談判，復加緊進行，轉而依據中美換文，於同年八月九日，由外長王正廷與英藍使換文解決。當然關於英艦開砲及修訂條約二事，亦歸另文規定。而修約一端，英使覆文，並有「準備依相當程序，由依法委派之代表，與貴國政府商議修訂條約」之語。其時英總領事巴爾敦，適奉派為駐阿比西尼亞國公使，臨行致我函，謂彼離任前，寧案得解決，引為欣慰；而執事於此事，曾作一番努力，今告結束，度亦必感覺愉快云云。我固極為愉快，所不解者，大致相同之條款，何以四個月間英政府昔拒今納？豈凡事必有其相當步驟與時機，不可強為之歟？然修約之舉，尚須候十四年始能完全實現焉。

何世禎為臨時法院院長的交涉

在一百年前，上海公共租界與法租界會審公堂，分別成立，專理租界內華洋訴訟。華人為被告案件，由領事派員會審，其純粹率人民刑案件，仍由中國廨員自理。辛亥革命時，上海道不能執行職務，領事團乘機，接管會審公堂。中國廨員，亦由領事團委派。不特涉外案件，即租界內之純粹華人案件，亦出以會審。雖有中國廨員，實際上外國會審員操審判之大權。經外交部迭次抗議，請予交還，迄無結果。民十五年即一九二六年八月，江蘇省政府與上海領事團，簽訂收回會審公堂臨時協定，設立上海臨時法院，於次年一月一日成立。院長推事，由江蘇省政府任命。適用中國法律，較以前之會審公堂，自勝一籌。然該臨時法院與我國法院系統不符；刑事案件，領團仍有觀審權及抗議權；而捕房律師執行檢察官職務。故臨時法院實為變相的會審公堂[4]。

當臨時法院成立時，國民政府已定都武漢，然孫傳芳尚盤踞南京上海等處，因派徐維震為該院第一任院長。徐君多年供職法界，民國八年受閻錫山之任命，曾為山西高等法院院長。徐任滬職不久，國民軍平定江南，孫軍渡江北退，政府定都南京。徐旋辭職，江蘇省政府乃派盧興原繼任。盧君法學具有根柢，曩在粵嘗為陳炯明服務。迨任該院院長，頗得領團信任。既而省政府免盧而改派何世禎繼任。何君亦是法律學家，曾任第一屆國民黨全國代表大會代表，為有相當資格與地位的黨員。至是，盧不即交卸，領團則公開的擁盧而拒

4 節錄錢泰《中國不平等條約之緣起及其廢除之經過》第六十七頁。

何。該法院既設在租界，非與領事團商妥，新院長無從到任，因而演成交涉員與領團間一段交涉事件。

於此有當先敘明者：各埠租界，尤其是上海公共租界，儼然成為我國國境內的外國領土。所謂領事團及領袖領事，不啻租界內最高當局。上海交涉員，不啻派駐領團的使節。此種相沿已久的惡例，真令人啼笑皆非。故我於十七年四月就任交涉員之初，在上海各界歡迎會席間演說時，曾言欲取消不平等條約，必先取消交涉員。我為此言，未免過火，且帶有書獃子口吻。適王儒堂先生亦在座，聞我此言，印象頗深，及彼繼任外長，遂決定於次年底將交涉員缺取消。然於滬地對外交涉之進行，是否有所改善，乃是另一問題矣。

我為此事，迭向領袖領事（美國駐滬總領事）克寧瀚Edwin S. Cunningham交涉。克氏一則曰：盧君執行司法職務，不受政治勢力的支配，如此好法官，何以強令去職？二則曰：司法機關，不宜有黨的色彩。三則稱何君為柔弱之人，恐難勝任。我答以（一）臨時協定，規定該法院院長推事，由江蘇省政府任命，原無須徵求任何人同意，然為便利合作計，特與領團非正式一談；（二）政府任免官吏，自有權衡，純屬大公無私，毫無個人愛憎取舍的觀念；（三）

省政府對於繼任人選，曾加慎重考量，必定認為確堪勝任，始予委派。何君見委，以其學識經驗，人地相宜，而並非以其身為黨員之故。政府對於司法機關，絕無使成黨化或政治化的用意。故希望領團勿再持異議。然克寧瀚堅持其說，不稍放鬆。

當時省政府有一部分人對我頗不滿意，主席鈕惕生先生，邀我往鎮江，出席省政府會議，報告交涉經過，結果，令我繼續向領團交涉，務期達到目的。適其時有改派徐維震之說，我以領團對徐，頗有好感，故亦附和主張，以冀解除交涉困難。猶憶某日晤見張丈詠霓，（名壽鏞，財政部次長兼江蘇財政廳長，是先君的摯友。）我提起徐君，丈語我曰，「世兄；現當國民黨黨治時代，徐某既是孫傳序的人，萬不可用，請勿再提及！」實際上，省府對於任盧免盧，自認為「措置失當，深自引咎。」其徐氏繼任一節，取無可無不可的態度，惟鑒於受孫委任的已往事實，及當時環境，又「值此黨義發揚之時」，認為不無過慮。其意倘悟認為徐氏可以勝任，省府即可予以發表。蓋有人認徐為閻百川之人，而與孫並無關係。其時膺公尚在外長任內，頗欲贊助徐君，對於受孫委任一節，認為絕無理由。終然以反對者眾，而蔡孑民先生之反對最為有力，故徐氏繼任之說，未能實現[5]。

我當然繼續交涉，幸得打消領團反對。何氏就職之日，我同往參加典禮。何君致辭，謂諸事當服黨的命令。我致辭，著重「臨時」字樣，謂不久的將來，須將該法院置於較有永久性的基礎。而新聞記者報導，對此二段演說，更加強調。於是克寧瀚口頭表示不滿，謂已據以呈報美國務院云。

交涉署的一次聯合會議

民十七年五三濟案發生，民眾憤慨，各處自動的激起抗日運動，滬埠尤甚。上海有黨政軍聯合會議的組織，由市黨部、市長、交涉員、警備司令，輪流集會討論，一以應付現局，一以弭患未形。是年秋某月某日，輪由我在交涉公署開會。到者市黨部陳德徵、吳開先、王延松、冷欣等，市長張定璐，市政府祕書長周雍能，公安局局長戴石浮，工務局局長沈君怡，社會局局長潘公展

5 次年即十八年十二月徐維震奉派繼何世楨為臨時法院院長。迨十九年臨時法院取消，改設上海特區法院，徐又奉派為院長。

及其他局長，又警備司令熊式輝，臨時法院院長何世楨等。這因公安局從漢口開抵上海之某輪，查出大宗私土，且有武裝保護，牽涉警備司令部，輿論大譁，黨政軍聯合會議，為此有所討論，情勢緊張。我於此事內容，並未詳悉。乃以此案既未知運土之人，又無其他內容，實屬無從討論為理由，臨時動議、鑒於該批私土起運地點為漢口，請由市黨部電請漢口市黨部設法查明詳情後，再作道理。正在等候異議間，我一面指定陳德徵等數人為起稿人，一面執筆起草，提請公同擬定照發，暫告段落。散會後，陳君語我「好險啊！差一點要打架了！」

未散會前，市黨部某君提議，謂黨部現查得日貨奸商一名，擬歸黨部逮捕審判處罰，應請公決。我謂此事有關司法管轄，應請何院長發表意見。何君匆匆起立，直言不屬黨部管轄。我謂我們當尊重法院院長意見，此事可不必再議，遂作罷[6]。

6 此二段曾送請周靜齋、沈君怡兩位先生看過。

排日問題之鱗爪

自濟案發生，滬地民眾，組織扣貨團體，對日經濟絕交，日本時有煩言。我於交涉員任內，對內設法開導，對外竭力緩用，但求事態不致擴大。總算勉強做到以貨物所有權誰屬為標準；即日貨屬於華人者，我若扣留，日人不加干涉；其也於日人者，我亦不予扣留。此項辦法，嚴格言之，日人並無承認義務，顧亦自知釁由彼發，眾怒難遏，尚能默認照辦。中間有一次日陸戰隊出而干涉，幾致釀成衝突，經排解後，幸得息事。在本國方面，頗有對我不能相諒，輕出誣言，我則隱忍不與計較。如此，終我任內，幸得相安無事。茲檢得十七年八月四日，我與駐滬日本總領事矢田七太郎Shichitaro Yada，在交涉署關於該問題之談話，節錄於後。

矢：今日本總領事特來與貴交涉員一談排日問題，因上海地方為日本商民最多之所，地位上亦最重要，自此次排日問題發生以來，以為暫持冷靜態度即可漸次終熄。孰知不但無平復之望，且有日甚一日之勢。故本國在滬僑民對此異常激昂，態度日益強硬。在上星期本館已將當地情形，報告本國政府，請示辦法。諒日內當有回電。昨日本地日僑開會，對予排日問題又電請外務大臣及芳澤公使，准予組織自衛團以實行自衛之手段。現雖未得回電，然如政府准其實行，則自行保護之後，勢必發生衝突，於事更生糾紛。且最近政情變更，想貴交涉員必有所聞，民政黨之破裂，即對華問題多數主張用積極政策，恐必更加嚴重。本總領事向持公平態度，故際茲未奉本政府訓電用何種辦法之前，願知貴國政府及上海地方當局，對於排日問題究竟有無誠意取締，究擬用何種辦法取締，俾本總領事參加自己意見電告本國政府。

金：今日貴總領事來訪，對予此問題得開誠布公一談，本交涉員甚以為欣。蓋此問題乃一種特別事件，前次亦與貴國清水領事詳細談過，彼亦承認完全基於一種特別原因之下而發生，即貴國山東出兵濟南事件。今日本交涉員固不願再多言此，但如此種之特別原因一去，則此種特別事件亦自然消滅。至民眾運動，本國政府及地方當局時時注意，未嘗稍怠，見有越軌行動即加以制止，絕不寬容。自始至今，不特有取締希望，且有取締誠意；不特有誠意，且有事實可以證明。如棉系事件、火柴事件是。且今早於貴總領事未到本署以前又得報告謂有五六件扣留之貨均可發還，足證我國當局之態度，始終如是。不過至今所發生之扣貨事件，均係由華人手內扣留，在法理上講來，至少有一種表面上的證據（Prima facie evidence），認為是華人所有，及貴館代貴國商人證明為日人所有，則須提出確實證據，並經調查確實後，自可發還。但此項證明之責任，係在貴國商人方面，而不在我國民眾方面。至其間須稍經時日者，乃以手續上之關係，勢亦難免。故本交涉員對於民家之越軌行動，不特希望減少，以至於無，並且甚有誠意；不特有誠意，並且有事實可證。貴總領事素持公平態度，深望對于貴國僑民之越軌行動，亦以有希望、有誠意、有事實之態度，嚴行取締。至貴國政府此後擬用何種方針，則是貴國自身之事，非本交涉員所欲聞。

矢：若言基於濟南事件山東出兵而發生排日風潮，則山東出兵亦因有聲案之先例。諸如此類之追源辯解，非本總領事今日所願談。惟本國政府對於排日問題之解釋與貴交涉員所談相距頗遠，按本政府之解釋，即由華人手內扣留華人所有之日貨，亦殊欠當。因此種之排貨舉動，乃一種非友誼之行為，亦應制止。

金：若言解釋一層，則各有各之解釋，未可斷言孰是孰非。如貴國山東出兵，貴國認為保護日僑，而我國則認為侵害領土主權，亦屬非友誼的行為。如現在之民眾運動，貴國以為是非友誼的行為，而我國或者以為是一種有自衛性質的行為。至於一國人愛用何種貨物，完全屬於各人之自由，恐無論何人亦無從強制。且自此次民眾運動發生以來，本交涉員與貴總領事往來公文已經不少，其中貴總領事亦認為被扣之貨如屬日人所有，則應發還。則假使所扣之貨係華人所有，貴國方面不欲加以顧問，自不待言。本交涉員認為貴總領事之意旨，即代表貴國政府之意旨。

矢：話談甚久，如此貴國政府及地方當局，對於排日問題究竟有有無取締誠意，擬如何取締，願聞結論。

金：前已詳言，總之一般之民眾運動，既基因於特別原因，則勢必俟其原因除去，始能盡消。至取締越軌行動，始終抱定公平態度，嚴加監視，並希望此後漸次減少，以至於無。更盼貴總領事同樣努力，將根本原因除去，則敢言此種特別事情，亦可同時消滅也。

十八年即一九二九年三月間，濟案在「相互不課責任」的方式下結束。然排日運動，不特未見取消，反而再接再厲。至一九三一年九一八前夕，滬上市民，因萬寶山事件及韓民殘殺華僑案，相繼發生，義憤所激，反日援僑，復有加緊扣貨之舉。日本戰隊出而干涉，我所深慮者，「萬一彼此爭持，一觸即發，不幸為兩案之續，則此後更難收拾。」（民二十年即一九三一年八月二十日我致黃膺白函）我在滬晤見張岳軍先生，乃以兩年前我經手的處理方法（即以貨物所有權誰屬為標準）告知之。其時膺公居莫干山，我又從南京函（即八月二十日函）請其加函岳軍。我的信，有「吾儕做事，與其焦頭爛額而邀賞，不如曲突徙薪而無功。」的結語。旋得膺公手覆言「對反日援僑問題，尊見穩而且妥，已遵囑專函岳軍市長供其參考矣。」

（原載《傳記文學》第九卷第四期）

我初次就公使任

接事中一段插曲

民國二十二年即一九三三年二月下旬，國聯特別大會閉會，我夫婦及長子咸彬，繼續暫住日內瓦。一則以顧少川返巴黎處理館務，由我代為出席國聯行政院會議。二則政府正決定派我為駐荷蘭公使，乃在瑞士等候命令國書。

我的前任王劼孚（廣圻）調回外交部後，館務由二等祕書戴明輔（號銘甫）代理。是年五月二十日，我駐荷蘭命令發表，戴代辦偕其妻（法國女人，銘甫留學法國時與其中國同學合僱的粗工，偏多主意）到日內瓦來看我。說荷國百物昂貴，館費太少，難以維持。去後通信，則言外部積欠館費，他多所賠累，迭次請求清欠，部置不理，現在荷蘭債權人逼令還債，不許脫身，是以難即交卸。我為先後發公私電請外部設法清理，得覆允先清發一部分所欠薪金，餘欠俟他日設法，同時囑戴即交代。戴頗怏怏，謂欲控部申冤，並稱萬難交卸，力阻予往。我告以他歷年賠墊困難情形，我所同情，但勸其勿以抗不交代相要挾。旋我偕眷繞道巴黎小住，於八月八日行抵海牙。戴未將館屋讓出，因先暫住白橋旅館。

荷外部外交司（即政務司）長克蘭芬斯E. N. van Kleffens（六年後升任外長），國聯初成立時，一度供職國聯祕書廳，擔任政治問題，我嘗與所接洽研討，遂與相識。我到海牙次日，即往晤談，乃為我約定於十日午後看晤荷外長葛拉孚de Graeff，以我的到任國書及王前使辭任國書各副本，連同請約覲見荷蘭女王函，一併面交荷外長。荷外長說：女王刻在鄉間過夏，須俟回城後定期接見。越二日，銘甫來言，聞友人閱報，得悉我已拜晤荷外長，謂照例新使到任，謁見外長，須估館備函通知，意頗怏怏，我一笑置之。蓋我既奉命使荷，則覲見荷后，面呈國書，是我第一件職務，戴某既欲尼余之來，我若託其代約拜會荷外長，必且藉詞擱置，豈非鬧成笑話，我是以斷然逕自約晤，認為無須拘泥慣例也。

又過了幾天，我得外交部電發銘甫一部分款項，他甚憤慨。我說我為了他總算仁至義盡了，他答稱必須去電生效，領到全部款項，方算出力。又說：

「君既欲呈遞國書，正可表現國書之權威。」仍言不能交卸，我仍對他一笑而已。

是月（八月）二十五日，我接到克蘭芬斯電話，謂荷后將回城，請我往外部接洽覲見遞書各事，並商洽頌辭稿。我因往晤交際司馬司長Teixeira de Mattos攜示所擬頌辭，他云甚好。（照例，新使頌辭，須先送閱，元首答辭，則無須出示。）該司長旋稱女王已定下月二日午後五鐘接見，余乃告辭，相送及門，馬司長詢余是否仍寓旅館？答以遞國書後移住館中，戴子女極多，移出稍需時日，是以住旅館候之。馬司長又謂為接洽遞國書事，先嘗傳電話到貴館，得覆言金某可無庸接待，因又傳電話於旅館，逕與貴使接洽。我聞言，知銘甫抗不交卸，已為荷外部所知，乃告以館中內部略有糾紛，惟純係內部之事。彼亦言此是貴館內部事，與荷外部無涉，是以決定仍接待貴使一如向例云。凡戴君所說過分的話，我概以私電告知叔謨（外交部次長徐謨），而不正式報告外部。

至是戴決定交代，我於九月二日進謁荷后呈遞國書後，四日下午三鐘遷入使館，館址五三 Koninginnegracht, The Hague，戴明輔抗不交代之一幕，於是告一段落。我仍繼續請外部設法發還餘欠，至是年年底全部發清。

然此事對外尚有些尾聲，我於九月六日因事往晤荷外長時，他偶而問起，何以戴君常到荷外部為債累訴苦？我答言：據我所知，以前我駐荷使館所欠荷蘭銀行及他處債務，最近中和庚款問題解決時，經已悉數扣清，此外並無新欠，至於戴君個人，最近我外部對伊發款頗多。荷外長說：他恐荷方債主，要到荷外部麻煩，故順便一問。今據貴使解釋，戴君訴苦，乃與荷政府無關，始覺釋然。

又有貝拉此氏（見《傳記文學》第九卷第三期〈華盛頓會議對我國問題之處理〉篇，及拙著《從巴黎和會到國聯》一書），清末民初，嘗駐使我國。民六復辟之役，收容張勳於其館中。回荷後初任荷外部外交司長，旋升外長，時任資政院副院長，該院院長即女王，貝氏地望頗隆，深得荷后之信任。我以其對我國情形熟悉，在荷蘭為遠東問題之權威，故於接事後首先往晤。談次，說「極盼貴政府對待貴使，較優於前任王戴兩君。」我答言：「政府待王前使等，亦並不薄，王現任外部條約委員會副會長，深致器重；戴則調回本部辦事，於其卸任，且為迭發款項，戴於荷蘭方面，固分文未欠也。」

進王宮面呈國書

九月二日下午四鐘半，內府侍從兼禮官邯騰浦男爵Baron Haron Hardenbroek，帶同雙馬禮車二輛，從者六員，衛士四員，前來旅館迎迓。我恭齎國書，登第一輛禮車，與禮官並坐，我居右，禮官居左。第二輛車，因未帶館員隨行，備而不用。每車各派從者二員，左右伺應，並以御者一員任駕駛，車前導以朱衣從者兩員，車後殿以衛士四員，咸策駿馬並轡而馳，直抵北口之宮門，下車小佇，留影畢，即經導入宮門。當登樓時，復有內府侍從晞景Sickinghe，李柏萊德禮Repelaer van Driel兩員，歡然相迓偕同禮官邯騰浦男爵導引登樓。甫進客廳，荷外長葛萊孚氏在廳迎候，並為介見大禮官蒙蘇伯爵du Monceau。鐘報五時，毗連客廳較小一室之內殿，豁然洞開，左右揚聲報進。女王居中宁立，正對殿門，相離約兩碼半之遙。荷外長肅我入殿介見，甫踰閾，行一鞠躬禮，稍遠再鞠躬，更進而近女王之前，又一鞠躬。外長及大禮居左侍立，從者衛士之屬，則於女王後方四碼處，排班肅立。我讀英文頌詞畢，恭捧國書並王前使廣圻辭任國書，敬謹遞送女王，躬親接受。女王答詞致謝，詞為法文。隨詢何年留美肄業？所入何校？答以民國六年至七年肄業於哥倫比亞大學，從前任海牙國際法院法官謨亞先生，研習國際法學及外交科。嗣又詳詢我在外交界之歷程，諦聽有頃，則謂深覺外交家歷程之有意趣。繼詢自抵歐以迄來和有幾多時？答以先於上年九月，奉本國政府命，派往日內瓦國際聯合會中國全權代表辦事處，襄理中日糾紛事件，深幸本年五月，再奉本國政府簡命，得以恭詣庭階。未到任前，因公留寓日內瓦者，已八閱月，近則繞道巴黎，趨赴新任。女王當謂想貴公使未見林主席，已有多時，隨詢主席現駐何地？答以睽隔主席約一年，主席現駐首都。旋又詢林主席亦赴海濱消夏否？答以最近嘗往牯領避暑。女王謂殆因高山空氣較他處為清新歟？並謂聞有人言南京天氣酷熱，我應之曰是，又言敝國幅員至廣，可於一日之間，於於不同之地點，得不同之氣候，荷后乃謂如此則甚便，各人儘可隨心所欲，自擇其所願往遊之地矣。問答既畢，我乃告辭，面向荷后退行，行數步一鞠躬，三次而及閾，女王答以兩鞠躬而禮成。既出內庭，隔數分鐘，復經引至別室，謁見主婿亨利親王，再鞠躬而握手為禮，親王答禮稱謝如儀，寒暄將三分鐘退出。遂向大眾握別，由荷外長送至宮門，仍登原禮車，由禮官邯騰浦男爵，率領全部儀仗陪行，及返旅館，正屆五時三十分，我請該禮官飲香檳酒，又談片刻而散。又照荷國例，須付禮車儀仗犒賞費荷盾六十元（合國幣一百二十元）隨後補付。

我旋做七律詩一首，題為〈二十二年九月二日入覲荷后奉呈國書〉，為我詩詞稿第一首詩，其句如下：「隆準銅人立馬看，慈寧此日盛衣冠。重樓聯步聲初穩，雙戶徐開室目寬。雲靜璽書成五色，秋高天語肅千官。殷勤為問神州主，槃敦從修兩國歡。」此詩首句，原作「王母璇宮此日看」，嫌其不夠切實，又「此日看」三字，湊而弱，乃改今句，指北宮門前所建十六世紀革命元勳威廉第一騎馬銅像，寫出本地風光。慈寧借用，言女王所居宮。五六兩句，先君謂為太陳舊，並說學做唐詩，往往有此毛病。

荷后是賢明女王

荷蘭位於歐洲西北隅，東鄰德國，南比國，西隔海與英國為鄰，其北為北海。該國連裏海在內，面積一萬五千七百餘方英里，不及我國浙江省的一半大，人口約一千二三百萬人。第二次世界大戰前，尚有東西印度殖民地，面積比本國大三十多倍，資源非常豐富，人口八九千萬人。戰後印尼獨立，西印殖民地，亦成為自治領了。

荷蘭自一八一五年維也納會議後，成立王國，採用立憲君主政體，威廉第一第二第三（先世先後封於Orange-Nassau因以為姓），相禪為王。一八九〇年威廉第三卒，無子，傳位於其女兒，是為Queen Wilhelmina（一八八〇—一九六二），時方十歲，尤其母Queen Emma攝政，越八年即王位。值第一次歐戰，荷國戰戰兢兢保全中立。第二次歐戰，德軍侵入佔領，荷后避往英國，主持流亡政府五年，美英聯軍得勝，收復西歐，一九四五年荷后復國。越三年，以主政適屆五十週年，亦無子，傳位於其女兒，是為今女王Queen Juliana。

母后著有自傳，書名暫譯稱《吾道不孤》[7]，所講修身治國之道，富有民主思想與作風，洵可稱為現代女政治家，此書足供為政者參考。

7 荷后的書原文是荷蘭文，一九五九年印行，嗣譯成英、德、法、瑞典及他國文，英文書名為*Lonely but not Alone*，含有宗教意味。我初譯為為「閒居道不孤」，商諸亦雲夫人，嫌稍生硬，並說：所謂Jonely，當指女王決大事時，小心翼翼，看賴上蒼啟示之神態，只用「道不孤」三字，意已明顯，旋又加上「吾」字，庶較順讀。

荷后篤信耶穌教，一生有志於感化全世界人們，使皆皈依基督，嘗自稱為「世界公民」，意即指此。晚年崇奉尤虔，每逢接晤賓朋，言必稱上帝。又時常以最誠懇態度，勸人為善，其言若曰：今有雪一小堆，偶從山頂滾落下來，挾泥石樹幹以狂崩，到了澗底，轟轟然如聞雷聲。人之作惡也亦然，起初以為是小惡耳，不妨偶一為之，既而越積越多，不知不覺，轉瞬間墮入深淵，無從自拔，蓋以喻為人之必須慎始戒微也。

荷后的個人生活，既嚴肅，又樸素。抗戰期間，自奉尤儉，嘗在倫敦逢荷后參加公共集會，見其著極舊衣服而至。生平最喜看書，精通德、法、英各國語言文字。亦好美術，然自嫌無耳音，故於音樂謂無造詣。荷蘭多名畫家，荷后本人亦能畫，記得民國二十二年九月下旬，我陪我妻初次入覲，談次，荷后問內人亦習繪事否？應以稍知塗抹，則問所繪何種？答以花卉，又問何花？答以蘭花。女王對繪事興趣之深，於此可見。

又荷后關心民瘼，例如一九一六年荷蘭中部遇到大水災，女王親往巡視災區，到處撫慰，回宮夜睡，自謂彷彿仍聽見浪聲擘拍，門窗隨了波浪，旋開旋閉，此聲此狀，不斷的縈繞於她的眼簾耳簧間，返看王宮房屋堅固，床舖舒適，未免覺得內疚於心云。

荷后嘗說王宮是一個鳥籠，凡居高位的人，往往置之籠中，故常思衝出官場環境，而直接與人民接近，但既身為女王，終以體制關係，難得如願以償。及其流亡英國，凡從本國奔往英國的荷蘭人（荷蘭文原字Engelamdvaarder, that is England farer）女王儘量接見，詳詢德人佔領情形，尤注意於人民所受痛苦，同時量材羅致，令為流亡政府服務。荷后並言「解放非恢復原狀之謂」[8]，此言值得玩味的。故荷后於一九四五年由英返荷後，命「荷蘭人民運動」（Netherlands Peoples Movement）的領袖施亥米況Professor W. Schermerhorn（工黨黨員）組織政府，以待戰後第一次普選之舉行。新政府閣員，大多數為佔領期間在本國從事地下工作之人物。蓋荷后之意，流亡政府離開荷蘭，已有五年，對於本國情形，多所隔膜，故回國後宜多延攬留在本國的人物，況故國收復之後，政治機構，需要注射新的血液，不獨氣象一新，且非如此，將無以適應新的環境，而應付新的問題云。

8 此句英文原文為liberation should not mean a return to the old conditions.

荷后歡宴外交團

荷后於外國新使到任，並不設宴款待。其於外交團，在我駐和七年期間，曾僅宴請二次。每逢元旦上午入宮覲賀後，亦只於同日下午，由女禮官設茶會接待。荷外長則每年分別宴請外交使節一次。荷俗尚儉，女王以身作則，故絕少宴會。亦因一九三〇年間，受了全歐經濟恐慌的影響，民生凋敝，自須節省國用，以為提倡。其後歐局日益緊張，更無從容宴請外賓之興趣。至在一九三七年，則以公主年初結婚，舉國歡愉，荷后乃定於三月十五日晚七句半鐘，在王宮特開盛筵，宴請外賓，以誌歡慶。大約在一星期前，先由領袖公使比使夫人Madame Maskens非正式電話通告各館，謂聞女后將於某日晚宴客，但尚未確定，請勿為他人道云。外交禮節，依照各使呈遞國書年次，以其年分最前者，為領袖公使。其時駐和領袖公是瑞士公使de Pury，彼未娶妻，故以其次比使之妻為領袖公使夫人。此使夫人打電話後，越二日，各館接荷外部油印通函，言王宮侍衛大臣謹問貴使及夫人某日是否在海牙？金公使則答以是日在海牙。至是月十三日，本館接請簡二份，一致金公使，一致金夫人，言侍衛大臣奉女后諭，敬請某於一九三七年三月十五日晚七點半駕臨北宮晚餐，女賓服露肩長尾晚禮服，男賓服外交制服，佩帶綬章。並於同時送到汽車對照號數，請簡無候覆字樣。是日晨，宮中管事人以電話知照各館，請來賓於晚七點一刻到齊。金使則偕夫人準時抵宮。外交團男女賓到者，公使十七人，夫人十一人，代辦十三人，夫人六人，共四十七人。諸賓既齊集，各持預排本人座位單一紙（公使依照呈遞國書先後，代辦依照到任先後），由禮官導進一室，男女賓依次分班環立，成正方形。約七點半，禮官報女后至，於是賓主相向行禮，女后復與各賓依次一一握手，道晚安，因偕領袖公使夫人先進，眾人隨後魚貫入座。女后坐中座，其右瑞士公使，左比使，面女后坐者，為荷外長de Graeff，其右葡夫人Mrs. Santos Tavares，左乃比使夫人。有禮官二人，又女禮官五人，位於瑞比二使之下，他使之上。別有禮官十八人，則皆位於公使之下，有在代辦上者，亦有在代辦下者，共賓主七十四人。坐定，七時三刻。滿桌陳列黃白色鮮花，共裝鍍金插花架十五座。所食生蠔、清湯、魚肉、蔬菜、野味、冰果之屬，凡九盤。紅白色葡萄酒及香檳酒六七種。進食堂時，始奏樂，樂凡八闋，食畢樂止。八時三刻餐畢，乃至外室立談，是時煙酒雜進，眾賓交談，不拘禮節，女后則自比使夫人起，與各國公使夫婦，次第談話，初尚立談，繼乃小坐。談畢，女后與領袖瑞使及比使夫人握手告別，旋向眾賓行禮而退，眾賓亦答禮如儀。時為十點一刻，眾賓乃相率與荷外長及諸禮官握手告退。

（原載《傳記文學》第十卷第六期）

兼管館務會務以及回國述職

當年我國駐外使節，自以駐日本、蘇聯、美、英、法、德、義各館職務，最關重要，次乃及於荷、比等館，亦以我國與荷屬東印度關係深切，僑民眾多，並且時常發生血統主義與出生地主義雙重國籍糾紛，故我國對於駐海牙使館，亦相當重視。

荷館例行公務，未免瑣碎，無須多所記載。茲先略說保護當地僑民事。此事固屬領事館職掌範圍，然亦為使館職務之一端，況我國駐荷領館，僅設阿埠一處，吾僑散居鹿埠海牙暨他城者，為數不少，遇有事件發生，每就近向使館請求處理，當然概予設法洽辦。據一九三六年統計，除服務荷蘭船隻常川來往之我國海員不在此數外，荷蘭華僑人數，約一千人，大致經營餐館洗衣業或開設小商店，其中做工多年綽有積蓄者，亦不乏人，然亦有青田小販，頸掛小鐵箱，鵠立街頭，零賣青田石、皮帶、及花生豆等品者，狀甚貧苦。花生豆，荷蘭語稱為「餅大」Pinda，我到任前某年，孔庸之先生遊海牙，市中群兒呼為餅大，迨詢明此字意義，孔先生意頗不樂。此外僑民行為不端，販賣鴉片，或做其他不正當事業者，時亦有之；亦或聚居一處，生活簡陋，污穢狼籍，既不雅觀，且礙公共衛生，因此種種，不免為外人所輕視。故我到任後，在華僑歡迎會席次致辭，勗以好潔、守法、尚德三事。旋又迭約鹿埠市警察長來館面談，洽商（一）如何為失業華僑覓相當工作，及（二）設法將無業游民及作惡犯法之徒，資送回國。賴我國僑領及當地官廳之合作，隨時隨事，略有補救，然終未獲根本改善也。

我適翻閱張存武所編之《光緒三十一年中美工約風潮》一書（中央研究院近代史研究所五十五年出版的），說（二四六及二四七頁）「在抵制美貨的同時，國人也感覺到華僑素質的良莠不齊，而思加以改善。」於是兩江總督周馥建議「由駐美領事就近查考，如有為非不端之華民，將其撥解回籍。」同時上海紳商指「華工為中國下流社會之人，未受教育，其被人輕侮，大率由茲。」故主張「選熱心任事之人，前往美國，設立小學，延聘中國教員，專教華工子弟，以期改良其性頂。」此外尚有別的說法。可見遠在六十年前，我國朝野，對於僑民問題，早經注意，然皆就已出洋之華僑，設法一面提高其教育程度，一面淘汰其不良分子，用意固善，但仍不外治標。及今回想，似在本國，首須訂定出洋標準，凡有申請僑居他國之人，先行嚴格審查，分別准駁，注重在質而不在量。當然此法之行，易生流弊，此則尚須預籌防範，然此乃最澈底的治本辦法，我當時見不及此，並未以此意條陳外部也。

我初到任，適值荷屬東印度的國民議會通過限制移民入境新條例，對於各民族每年入境人數，規定平均分配額，表面上在使各民族得到一律公平待遇，實則華僑入境人數，向來遠超過他民族合起來的總數，故對於吾人的待遇，顯然失之公允，以是引起吾們之不滿與反對。我國駐荷使館及駐巴達維亞總領事，奉外部令向荷外部及荷印總督府分別交涉，請勿將該條例通過，即使通過，仍請以比平均配額較與中國人有利之其他辦法，作為標準。至是我繼續向荷外長交涉，更於一九三三年十二月十四日，送致英文照會一件，共凡九段，原文頗長，故不照錄。大旨根據華僑在荷印之悠久密切關係，已成為荷印經濟生活上不可分離的一部分；又華人移徙荷印，毫無政治企圖，其所獲得利益，純屬經濟商務性質，亦並不與土人競爭等理由，提請荷方於實施新條例時，盼能改變其對我的態度。事雖迭經交涉，乃荷方並未改變其態度云。

同時尚有一樁特別事情：緣庚子賠款荷蘭部分，荷表示願退還我國，初擬用作治理黃河水道，終以磋商條件未成議，作罷。直至民國二十二年即一九三三年四月四日兩國換文規定，除清理對和特種債務外，成立文化基金，將賠款年息百分之四十七，撥付萊頓大學漢學院，百分之四十，撥充選派我國人來荷留學，而以百分之十三，補助中央研究院經辦事業費。關於留學生事宜，則在荷蘭設立三人委員會經管，由我國駐和使節及荷蘭教育界二人充任委員，輪流擔任主席，開會地點不拘，其由我任主席時，均在本館開會。根據換文規定，關於中央研究院及留荷學生兩項的款項，該院得向委員會提請變更其比例。至是，該院作此建議，乃荷方兩委員，以中荷換文宗旨，有提倡中荷二國文化關係之明文，主張中央研究院補助費部分，亦應實行同樣宗旨，並歸該三人委員會經管。我以常時我外部與駐南京荷蘭公使談判該問題，荷使曾作同樣主張，當經我方拒絕，荷使因不復提；而換文之外，加訂辦事規則，對於中央研究院事業，特用「獨立」字樣，可見此項用途，不受任何拘束；況該院事業，每具有全國性的性質與規模，中荷庚款部分，為數微乎其微，用作補助，尚且不敷，若必欲特定用途，事實上亦不可能。我迭與荷外部及荷方委員反覆辯說，總算勉強打消其主張。即此區區小事，可見荷蘭人性情既多固執，度量亦欠寬宏，關於款項方面，尤為錙銖必較，甚少放鬆，往往如是。至派往荷蘭的我國學生，在我的任內，計有嚴愷學水力工程，王以康學漁業管理，劉某（忘其名）學空中測量，似尚有李某，又另有派往爪哇的學生，皆記不清楚了。

我駐海牙七年期間，正值德、義、日本三國策動對外侵略，國際局面，日趨惡化。我與荷蘭當局，隨事討論，聽取意見，亦且探聽真相。對於日本向我國侵略之逐步進展，尤復隨時切實報告，爭取援助，無如荷蘭估量本身實力單薄，戰戰兢兢，在歐洲既不敢開罪希特勒，在遠東亦不敢刺激日本，故雖對我同情，而常取中立態度。即其人民，有時以我國某處疫症流行，募捐款項，購贈藥品，亦必鄭重地表示，此舉純屬人道主義，毫無政治作用；有時荷蘭本國或荷印華僑，向本國政府獻金，亦力戒用助餉等名目，其謹慎戒懼，有如是者。是以我在荷蘭外交上的活動，貢獻直等於零，但求盡其在我而已。

至我以對日問題，參加日內瓦國際會議及比京會議的經過，以及為欲實行各項決定，我與荷政府洽商各情形，皆已見我以前所撰的五篇文字（即〈舊國聯如何受理我國對日本的聲訴〉篇，見《傳記文學》五十五年十一月十二月又五十六年一月三月四月，共五期；另見拙著《從巴黎和會到國聯》一書），今不贅述。此外從一九三三年起至一九三九年舊國聯結束時止，我每年奉命往日內瓦同時參加國聯經常會務，除大會及行政院之工作外，有時並出席他機構，如改善國聯憲章委員會是。在大會中，以本國代表團之工作分配，我每年出席第二委員會。該委員會討論全世界的經濟財政金融問題，並檢討國聯各種技術機關的工作。每屆開會，我將我國的財政經濟情況，作一簡要報告，例如一九三五年（民國二十四年）及一九三六年（二十五年），我將我國法幣政策的內容及其施行紐過，摘要報告，並以英美等國之與我合作，使該項新政策，更得順利實施，附語致感。此外如我國改善公共衛生，如建築公路，以及其他借重國聯上之技術合作各項計畫，我亦為表示歡迎與鼓勵。又我於此類演說文內，往往對於日本對我經濟上侵略行為，暨有損歐美各國在華利益的措施，特為附帶說明，藉以引起友邦之注意與覺悟，當見下期擬撰的抗戰期間對外宣傳及他工作一篇文，故不先說。

我所擔任的舊國聯經常工作中，以研究禁運軍械問題，比較的最有趣味，也最有意義。緣國聯所經手的國際爭執事件內，有南美洲玻利維亞與巴拉圭兩國之載爭，即Chaco war，國聯於受理期間，先由國聯會員國，實行對該兩國禁運軍械及作戰資料，期於促成停戰，此議由英國發起，法國及他國所贊助，加以美國之合作，復加以國聯之多方調停，同時並由美國聯同南美數國，作同樣的努力，總算覓得解決，為舊國聯歷史上光榮之一頁。

一九三四年九月間，國聯年會開會，於討論玻巴事件時，蘇聯代表對於禁運軍械一層，特別強調，意欲藉以應付日本之侵略滿洲，與義國之侵略阿比西尼亞。義代表看破此中用意，乃故意提出法律上疑問一二點，設法延擱，以為緩兵之計。遂由國聯行政院決定特組織委員會，後純粹法律上角度觀察，尤其是從解釋國聯憲章方面研究本問題，並將結論作成報告，送交行政院及大會審定。該委員會由我國、英國、法國、義國、荷蘭、哥倫比亞七國，各派專家集會研究。我政府初以事關軍械，擬派武官唐某出席，嗣悉他國均派法律專家，乃改派我為出席委員。

此問題經我根據有關文件，加以研究，為本國的利益與立場著想，擬提兩項主張：即（一）禁運軍械議決手續，在國聯行政院方面，須經全體同意，惟

贊助者，或雖經被侵略國之請求，而拒絕採取任何方法以停止其贊助庇護者。

此項定義，雖未經國際間普遍接受，亦未嘗載在公法，然一則以曾經蘇聯於同年七月三日，據以向七個小國訂立條約，二則以其所闡明之原則，理由充分，文字明確，故我認為該委員會於研究責任問題時，儘可據供參考之用。

我於是一面先向荷蘭委員林勃葛J. Limburg非正式交換意見。林氏也是國際公法學者，荷國資政院資政，歷任出席國聯代表。我告以我的看法，認為《國聯憲章》第十一條，既以保持國際和平而以和平方法解決糾紛事件為惟一目標，則根據該條規定而實施軍械的禁運，作為保守和平的處分，對於兩當事國同樣適用——既須他們的同意，勢必遭侵略國之反對，以致無事可為，況名為同樣禁運，實則有利於侵略國，而有損於被侵略國，有欠公允。故我的主張，雖不將第十一條明白除外，然於先行解決責任問題後，宜根據第十六條規定，以禁運軍械作為一種制裁，無須當事國之同意，即可實施。林勃葛種種看法，大致與我相同，惟對於此點，則持異議，彼謂倘不能根據第十一條而實施軍械禁運，該條將失去一部分重要作用。又謂我的說法，偏重事實，並非純粹法律上的見解，與召集委員會之原意不符。我答以「法律既是活的機構之意志的表現，吾人從法律方面研究某種問題時，對於活的事實，亦須加以審查。」林氏謂將來草擬報告時，說明純粹法律之外，亦可加敘事實也。（一九三五年一月四日；又同年三月二十九日我與林勃葛的會晤錄）

同時我撰成英文說帖一件，送呈外交部審核定稿，內容分作四個標題，即（一）應根據憲章那幾條以提出禁運軍械的建議？（二）禁運軍械之手續若何？（三）在何種情事及何種條件之下執行軍械的禁運？（四）第三國關於此事之權利義務。前三項的主張各點已散見本篇以前各段，不復贅陳。第四項所稱第三國，既非國聯會員國，又非爭執事件之當事國，主要的指美國而言。觀於美國對玻巴爭端之合作。我主張凡有禁運軍械的措施，第三國應與國聯儘量合作，俾能收效。乃其時正值義大利侵犯阿比西尼亞之獨立，義代表對本問題之討論，認為不利於義國，故從中多方阻撓，致該委員會屢次延期，竟未開成。我所具的說帖，亦未獲送出，當然未載在國聯檔案，是以我言之特詳耳。

旋我於二十五年（一九三六年）二月間奉外交部電令回國報告，遂偕吾妻兩孩從英國坐船，以三月中到上海。往南京進謁林主席、蔣委員長、張部長（群）暨其他人物。七月初赴牯嶺。是月二十九日，再謁蔣公於特區十二號邸第。先問近來研究何種問題，應以改善國聯盟約問題。次詢歐局，答以歐洲形勢固緊張，但各國均遷就事實，頗多相忍，英之於德尤然，是以一時尚可苟安無事。我旋言英國地位重要，及英國近時對於國防如何努力，極言我對英國須有相當聯絡與布置。嗣蔣公詢我對中日問題之意見，我說此完全視我國自身實力如何，在實力未充足以前，總須竭力維持一線生機，因此須付相當代價，此如對於經濟合作等事，在相當限度範圍內，只好酌量放鬆。旋又詢及日俄二國關係，答以兩國各有實力，彼此相畏，一時當不致以兵戎相見。旋因叔謨（徐謨）之先代請准，蒙蔣公當面寫款，見賜近照一張，亦以我的號「純儒」，每有寫作儒字，乃為面呈名片照寫，此照我敬謹珍藏。

我曾往杭州謁見膺白先生及其夫人，嗣復得相晤於上海。八月中我放洋回任前，又往謁於莫干山，其時膺公已患肝癌病。我回歐四閱月，公竟長逝，永別已三十年矣。

是時吾父六十九歲，康健如常。吾母棄養已六年，我往嘉興楊墩拜墓，吾妻及女兒同往。姑母龐氏，我於四月初往謁於常熟，同去參加周君婚禮，別後五日，姑母中風去世，我又往送歛，吾父撰祭文，有「季子遠還，謁妹里第，妹與同觀，姻家嘉禮，乃不數日，遽聞妹逝」等句。又我二哥問洙長子咸萊、幼慧好學，成績頗佳，乃患兩腎結核症，沉綿幾年，以是年七月底病故上海，年僅二十一歲，我適在牯嶺，得報黯然。

我不善作遊覽詩，雖遊勝地而無吟詠。最近三年前，二哥（現已去世）往遊，有詩見寄，我乃補詠七古一首，得句如下：「丙子避暑居廬山，覓句未得詩思孱。二十七年間兄再往，吟興不以聾盲闌。記偕妻兒作遊眺，不憑腳力憑竹轎，放開眼界納乾坤，收拾心靈入窈窕。蟠空寶樹溯晉僧，講學鹿洞尊考亭，已聽三疊珠聲響，更看五老石色青。遂登大月峯之頂，笑揖漢陽高差並，下山千級人穿雲，循麓百轉蛇出灣。（下略）」廬山最高峯為大漢陽峯，高一五四三公尺，我所登大月山頂，高一五三〇公尺，僅較低十三公尺，故第十三、十四兩句云云。我以此詩展轉寄與二哥，得覆謂想必寫有日記，否則不能記得如許，此說良然。二先兄文學昌黎，詩學宛陵，亦能填詞。其詩稿經自己刪去百分之十五，存二百餘首，謂為不合時宜，至今猶未付印。看我詩詞極細心，老年弟兄，往返商榷，字斟句酌，從不厭煩，亦正引以為娛，而今已矣。

我於是年（二十五年）四月十四日晚間，應南京中央廣播電台之約，作一演講，題為〈旅歐三年之感想〉，分做荷蘭、國聯及歐洲局面三層，簡要說明。關於荷蘭方面，注重在該國的國民精神，說荷蘭人有一種堅強的自信心，就舉出填海工程的一個例子，說荷蘭本國，一面領土太小，一面人口增加，感覺到糧食不夠，乃把他的一個領海叫做南海，用人力填成陸地，先造成了一條長堤，然後分了四段填海工程，依次進行。要填的地，約共三百三十萬畝，「第一段的面積，大約三十萬畝，已經在一九二九年完工了。這一段建設新村，移民居住，所有道路水電以及一切市政設備，同時並舉，應有盡有。所謂的地畝，一部分供畜牧之用，一部分試種農作物，多有相當成績。其餘三段的填地工作[9]，正在次第進行，聽說要半世紀方能全部完工。」因為我認為這是荷蘭人國民精神充分發揮的一個好例子，所以當時向聽眾特別貢獻，茲更特為補敘於此。至於當晚廣播演講所說的歐洲局面等等，略見後段，故不先說。

我又於是年五月二十五日在南京陸軍大學，次日在中央政治學校，六月九日在上海復旦大學，用同一講題，加以充實，先後演講了三次。我對於國

[9] 現已成三段，約在一九七〇年可全部完工。

聯，說原意欲以公理為基礎保持世界和平，此是一場空夢，卻又說吾們對國聯不必過於悲觀。我對於歐洲的局面及法、德、英、蘇聯、義大利各國政策，尤其是他們外交政策簡單的分別講一講。大致說法國的政策，是欲求法國本國的安全。又德國的民族，是決不甘心屈服的，他們忍痛接受《凡爾賽和約》，是要一個喘息的機會，德國一方面求和，並進而與他國攜手，他方面暗中準備，實行他的整軍經武大計畫。「到了去年（一九三五年）三月，他（希特勒）竟毅然決然宣布組織三十六師團的陸軍，恢復了徵兵制度。」過了一年（即一九三六年三月），「又向萊因河解除武裝區域進兵，此後還有什麼好戲，誰也不敢說。有人說：第二步，或許發生德奧合併問題，這也是有可能性的。」講到英國，我分了三點，說明他的政策：第一，英國對於全世界的事，多少都有些關係，故主張維持世界和平。第二，他不願意歐洲大陸有一太強之國，故反而同情於德國。第三，英國要保持他的海軍地位。又蘇聯不但與他向來所稱為帝國主義者攜手，並且加入了他向來所認為資本主義及帝國主義集團的國聯，蓋無非欲取得機會，辦通他的富國強兵大計畫。我於講到義大利的對內對外政策，強調國聯處理阿比西尼亞問題之失敗教訓，認為必須自力更生，不可依靠國聯以及其他一切紙片上的保障。我又說現在各國既正競增軍備，加以世界經濟的衰落紛擾，「要是不出於一戰，打一勝敗，決一雌雄，試問還有什麼其他出路呢？」講到美國，我說美國地位重要，「當時（指第一次世界大戰時）如是，今後亦然。」其時該國正推行其中立政策「但是有大規模戰事的時候究竟能否避免捲入漩渦，這是很難說了！」我又說「凡是大政治家，只要拿大公無私的精神，去替國家做事，即使前後有些矛盾，也是無妨的。」我又勸國人應該養成注意國防的心理。最後我說我是剛從荷蘭回國的，所以三句話不離本行，要以該國的奧倫親王威廉William the Silent說的兩句格言：「做事不必存希望，奮鬥不必求成功。」貢獻於吾的聽眾。

於此我要附帶說明一點：其時關於中日問題，我政府鑒於國聯之無力相助，諸友邦之徘徊觀望，以及我國自身實力之尚待充實，故從權採取一面交涉一面抵抗政策，以爭取加強國防時間，我所說國策上不妨先後有些矛盾，意即指此，特未明言耳。

是年（二十五年）八月十八日，我夫婦挈二子一女，在上海坐海輪啟行返歐。二十九日到荷印之棉蘭，先參觀國民黨部、中文報館、華僑商會、及蘇東中學各處，旋赴各團體在商會禮堂歡迎會之約，我為致辭。我先說我早擬特來荷印視察訪問，乃以歐洲方面，適有要公，不得不變更原定計畫，現雖僅到一個口岸，作極短時間的遊歷，而已感覺到與荷印全體同胞，真同息息相通一樣。旋略講在荷印中國人的法律上待遇問題，要與歐美日本人等取得完全同等待遇。繼簡要的說我國在物質與精神方面的進步，謂國人「對於國家自身之認識，沉靜的發現了一種覺悟，此則給我影象最深者。」關於中日問題，一講是年五月二十五日張岳軍部長由外交途徑調整中日二國關係之主張。末謂當前重重困難，性質嚴重，但政府具有決心與能力，必能領導全國，出水火而登衽席，希望僑胞信仰政府，並努力作報國之準備云云。九月十二日到馬賽，改坐火車，繞道巴黎，訪晤顧使，十四日回海牙，越六日即往日內瓦，參加國聯大會工作，三星期後會務完畢仍回海牙。

（原載《傳記文學》第十一卷第一期）

抗戰期間對外宣傳及他項相關工作

駐外各使領館對外宣傳，無論平時戰時，皆屬經常職務範圍，理所當辦。即就抗日期間言，雖特別撰印宣傳作品，既非臨時添雇人員助理，所增費用有限，故概由經常館費開支，並不另請發款。只以此項工作，一面引起研究興趣，一面增加外交經驗，似尚不無意義，故為簡載於次。

我在上篇說過，我於日內瓦國聯年會時，經迭次奉派出席第二委員會，每於參加討論金融經濟技術問題時，對日本對我經濟侵略，及其損害別國在華利益的行為，附帶報告，既不離開專門本題範圍，亦藉以引起友邦之注意。

一九三七年七、八月間，蘆變爆發，淞滬鏖戰，形勢危急。九月二十八日大會第二委員會之會，我演講中，極言我國正當努力建設，得有進步，乃日本進而對我國本部，施行大規模侵略，不獨阻撓我的建設事業，並且損及歐美各國利益。因言凡在日人佔領區域，就西洋人的工商業而言，所謂開放門戶者，從日本人的角度看來，「只許從此門出去，不許進來的。」其次復從技術方面，說明日本人所稱人口的壓迫，原料的缺乏，以及國外市場的需要各項說法，皆是實行侵略的藉口，而決非其真正因素。

次年日本對我侵略愈甚，局面愈見惡化，我政府決計西遷，以避敵鋒。我於是年九月二十四日，又在第二委員會演講，大旨根據統計，表明日本對華侵略，致使他國在華貿易與投資，皆見減少。並言華中華北佔領區內，日本沒收了華洋企業，設立華中華北開發公司，以控制交通、電力、礦業以及其他基本工業，概歸壟斷。復在該區域內實施對日貨減低稅率的稅則，藉以損害他國在華商務。又規定中國棉花免付出口稅，意在將中國一部分地區，變成棉田，以廉價棉花供給日本的紡織業。此外，並在華北設立所謂「中央儲備銀行」，發行流通日幣的鈔票，冀將華北圈入「日圓集團」之內。即此種種，可以證明日本對我侵略，軍事經濟，雙管齊下，意甚明顯。其在我國自由領域內之農鑛工業，我國努力振興，百廢俱舉，公路鐵路，儘量敷築，而沿江沿海各埠的工廠，在政府資助之下，將其全部機器人員遷至內地，繼續經營，尤為創舉。至佔領區內關鹽稅被日本人強收之後，以該項稅收為擔保之對外債款，則仍照常還本付息，惟對於外匯加以相當管制，以杜流弊而已云云。

我於抗日期間，以駐荷使館名義，隨時撰印英文宣傳品。分送各界，稱為〈中日危機之最近進展情形〉，在〈舊國聯如何受理我國對日本的聲訴〉第五篇（《傳記文學》第十卷第四期，另見拙著《從巴黎和會到國聯》一書）內，業經提起。此項宣傳品，自蘆變後一星期（一九三七年七月十四日）起，至荷蘭被希特勒進兵佔領前兩個月（一九四〇年二月二十九日）止，歷時兩年七個月，共出二十八期。以撰送並不定期，故反能稍見持久，起初一星期出一次，嗣後隔一二月或更長時間出一次，直到荷蘭被德軍佔領之後，我乃停止此項工作。我編撰這種宣傳品，係根據官方文件，中西大報，以及其他可靠資料，就政治、外交、軍事暨其他情形，分段詳敘，遇有特別事項與問題，更為特別加敘，時或加以論斷，亦或提出警告，旨在解釋我政府國策，反駁敵方宣傳，暴露日本侵略陰謀，指斥日軍種種暴行，描寫我軍之忠勇抵抗，與自由領域內之努力建設，以及日人如何貶抑西方各國之國體尊嚴，如何威脅在華歐美人之生命財產，與損害其在華利益，如何企圖將西方各國的勢力與利益，概予擯斥等等，不惜反覆切實言之，以冀爭取國外輿論之對我同情，而喚起西方各國之覺悟。

我於第十七期一篇內，誠懇地作一呼籲。我說：「鑒於日本之侵略與挑釁行為，與遠東太平洋區域發生主要關係的西方各國，究竟計將安出，現在必須作一抉擇：各該國或則共同策劃有效的支助被侵略國，並停止幫助侵略國，以冀挽回狂瀾；或則自認絕望，情願將在中國的權益，完全放棄。當然兩項辦法之中，第一個，不獨符合各國遵守憲章條約原則之迭次宣言，並且比較上反而不致引起大戰。此話好像不無矛盾，其實各國若果聽令日本征服中國，則日本在亞洲大陸，於其佔領地方，布置既定，復得利用大量的物力人力，必且躊躇滿志，轉而侵奪歐美各國在太平洋以及亞洲他處的領土，果爾，世界大戰，難以倖免了。然若民主各國有此志願，則大戰尚可得免。總之，和耶？戰耶？民主國家現正徘徊歧路之上，此時確有抉擇一途的必要。」我為此說，在一九三八年一月二十日，其後復屢作類似的呼籲。次年九月歐戰發生，因言九一八事變時，假使民主國家，協力同心，對付日本，阻遏其侵略行為，則其他侵略國，可能具有戒心，不敢橫行無道，以致掀起大戰，言外，對於英美當年徘徊觀望，舉棋莫定，深為致惜云。

荷蘭公開演講機會不多。國慶日招待外賓，不宜演講。每逢九一八紀念，我總是適在日內瓦襄助國聯會務，參加我國代表團舉行的紀念禮節。至關於七七事變，有民國二十七、二十八兩年二次紀念，我先後在海牙、阿埠舉行。此外，其他機會，如一二八紀念，如擴大國慶紀念等，為學生僑民所發起，我亦均往指導演講。茲略敘蘆變第一週年追悼會的經過，以概其餘。

是年（二十七年）七月七日，我召集僑民，在海牙某飯店，開追悼抗日陣亡將士及死難同胞大會。事前我撰送對聯一副，句曰：「甘拌血肉爭先死，誓殺仇仇不並生。」準時率領使領館人員暨眷屬及吾妻子同往，各城市僑民到者，約五百人。午後三鐘開會，我為致辭，約說四十分鐘，僑民代表，亦相繼演說。茲將我的演說，摘引幾句於次。

我說：「我們現在知道政府當局，自九一八事件以來，直到蘆案發生，這六年之中，對內埋頭苦幹，對外竭力維持和平，這種立志之堅，用心之苦，在當時或許有一部分人不能明瞭，到了現在，我們是完全明瞭了。我們國民，只有擁護可愛的政府，全國一心，抗戰到底，從死路中去找出一條生路來。我們要知道抗戰工作不容許有瞻前顧後的念頭，抗戰只有望前猛進，決能不向後退卻的。」我又說：我是堅決相信我們可以得到最後勝利的。「我們只要拿無數陣亡將士及死難同胞為國務犧牲的精神，作為我們的精神來參加這個偉大

為忿怒，問格君此係在何處演講？又何以獨於洛塘新報登載？格君答以他報何以不登，自非彼所能知。日代辦欲向荷外部抗議，有人對他說，外交使節，享有言論自由權，實無抗議理由。然他仍往晤荷外長巴丹J. A. N. Patyn提出書面抗議，謂外交使節在駐在國，對第三國作此種激烈演辭，實所罕見，故彼亦將作同樣演講，以攻擊中國。荷外長婉言安慰，略示歉意，該代辦不得要領而去。

越十二日即二月二十日，荷外長約我往談。原來荷外長每星期照例接見駐荷使節一次，我在海牙，幾乎每次必往。談話範圍，頗為廣泛，在我則最主要者，為請求助我抗日，停止助日，以及如何進一步作有利於我的表示之類皆是。關於例行事務，則大半話約訪祕書長（荷外部無次長）及主管司長，隨約隨見，亦有僅憑電話接洽之事。至於荷外長特請往晤之機會蓋甚少，此次乃是特約性質。我坐定後，荷外長即提起我一月四日的演講，謂此係登在報紙具有政治性質的演講。中日之爭，荷蘭守中立，日本是荷蘭友邦，故駐荷使節，不得對駐在國的友邦，演講攻擊。日本使館，從未作類似的演講。現在日本向荷外部提出書面抗議，該照會共分九段，理由充分，應請貴公使勿再作此項演講。旋接說荷政府當然對華同情，但荷國地位困難，應為貴使所了解，貴使在不公開場合，可發表任何意見，但是在登在報紙之演講，自是另一問題。貴使此次演講，固然並無過分激烈的話，然事態性質，並不因此而改變。

我說：荷外長請我注意此事，良用感荷，亦以我未曾用更重的字句，但覺可惜。我這次演說，係從外交方面，對中日問題，作一簡要報告。蓋因美英兩國，先後願意對我作財政上援助，並對於日本「新秩序」宣言，提出抗議，認為現時外交空氣，對我較見好轉，故希望他國亦能相助。次乃提到日本南進政策，極言日本向我國南部肆行侵略，威脅日增，因根據田中奏摺暨日本海軍大將二人近年談話，證明日本海軍，欲從臺灣及南太平洋歸日本委託統治諸島根據地，進攻西方各國的屬地。並說這種宣言，日本有時正式否認，有時並不否認，乃言「日本的否認等於確認」。我又說我的演辭，除此句措辭較重外，並無其他激烈的話，然此句亦是事實。

荷外長說：他不但請金使注意此事，他是正式提出抗議。我乃答言我當報告本國政府。因接言我當然了解荷蘭的困難地位，然荷蘭既是國聯會員國，則就中日爭端言，不得處於中立地位，故荷國守中立之說，我不能贊同。荷外長說國聯已死了。我說我不願與荷外長爭辯此點，但是我國看法，國聯依然存在，國聯會員國，仍負遵守各該議決案的議務，而中立之說，與《國聯憲章》不相符合的。荷外長堅持國聯實際上已死之說，並言荷蘭並未與日本作戰。我乃問可否一閱日館抗議原文，庶使荷政府對此事的立場，益見明瞭。荷外長謂須問他的法律專家，可否以該照會鈔送金使，旋又言或可密送一閱。（隨後接其親筆信，說不能送閱。）我又謂日館抗議，想荷外部將以書面答覆？荷外長答言當時只允日代辦當與中國公使一談，故不擬以書面覆日館云。我乃更就中日關係他三項問題，與荷外長暢談一番，始握手而退。

以上是關於宣傳工作部分，本篇題目所說「相關工作」，係指荷蘭社會方面經手的對我國平民救濟工作。原來一九三七年秋間，第二次戰事爆發，鑒於我國平民飽受戰禍，死傷流離，不計其數，荷蘭華僑學生聯合荷國人士，組織救濟機關，稱為中國平民救濟會，推萊頓大學漢學研究院主任戴聞達J. J. L. Duyvendak（荷蘭著名漢學家，現已去世）為會長，名譽會長二人、一為資政院副院長貝拉此（洋文姓名前已見過），又一為水利部長力達善Lidth de Jeude。又在阿埠、鹿埠及他處共設有十三個分會，其參加人物，包括各大城市市長，又實業、銀行、宗教、教育、藝術各界名人，而各地商會及報館，復力為鼓吹，因以增強荷蘭人對華同情心，一時稱盛。其各種活動，皆以人道主義為出發點，計有報紙上發表作品，散布傳單宣傳品，到處演講，放映電影片，組織中國美術展覽等項，而以沿街募捐及開影票，為收效最多。故能於短時期內，募集荷幣六萬盾約合英金六七千鎊之數。大部分款項，用在購買防瘧防疫藥品，以及外科用器具，均照成本實價定購後，分批交由荷船免費輾轉送交自由中國地區收用，各批照收無誤，此外復有楊惠敏、竇學謙二女士，先後特來荷國各處演講，頗受各界歡迎。她們並勸收養戰事孤兒，亦博得聽眾同情，遂由貝拉此夫人，特作呼籲，以為提倡，謂當基於基督教的慈愛，致念於中國災童云。總之，此項救濟宣傳工作，激發一般同情心，收得實際上效果，所以輔助官方宣傳之未逮，良非淺鮮。

茲仍就一九三八年間經過的兩次活動，簡單補充幾句：（一）是年四月二十八日，荷蘭人湊集荷幣四千盾，購繃帶裝三十六箱，交由和船Meerkerk運往香港，轉贈我國。是日在鹿埠碼頭行簡單裝貨禮節，我往參加致辭稱謝，戴聞達君亦在場。（二）同年十一月二十六日由阿埠分會會長熱心慈善事業會凱脫拉夫人Mrs Ketelaar在阿埠發起組織道路募捐，並開一種彩票。全市共分十五區，分區募捐，有一千七百人。我偕我妻孩子同往總辦事處，致辭道謝。阿埠市長夫人Mrs. de Vlugt亦在場。是日雖陰雨，仍收款荷幣一萬三四千盾。越一二日，聞有一位募捐女人，偶為電車所撞傷，我妻又趕往阿埠醫院送花慰問。

至以荷政府名義捐贈我國之款，則有一九三八年間荷幣五萬盾一筆款，此款荷蘭本國及荷印屬地政府各出半數，送由國聯轉付我國，作為防疫之用。我於是年四月十三日，訪見荷外長表示謝意，荷外長言此猶大海中一滴水耳。我答稱積多數國之滴水，有益我國必多。

荷國力戒刺激日本，故所有為我募捐款項，不問其出自政府，或出自社會，總要避免政府作用，而概用諸慈善事業。其使領館經手款項，以及我國僑民自己募集之款，固不受荷方限制，但荷印華僑，以有雙重國籍關係，荷印政府認為荷國人民，故對於其撥匯款項，有所干涉。緣一九三八年間，荷印華僑集有鉅款，匯交中國紅萬字會收轉政府，組成搬運傷兵車十二組。荷印政府認為該款並非用在慈善事業，表示不滿，主張此後華僑捐款，應匯交上海華洋義賑會，或漢口華中萬國紅十字會。我奉部電，令向荷外部請商荷印政府停止干涉。乃迭與荷外長及外交法律二司長交涉，大致說：（一）該款並不作政治用途；（二）國聯議決案有會員國勿作任何足以削弱我國抵抗力量的舉動，當然有政治性質及背景，故即使該款移作政治用途，荷印亦無反對理由；（三）荷政府所指定兩機關，一在上海，一在漢口，兩地現均歸日本人占領，匯去款項，不免落在敵人手中，當非荷印政府所願意的。迭與爭辯，乃荷外部總以此事須歸荷印當局主管，迄無肯定答覆，適華中萬國紅十字會辦事處，從漢口遷設貴陽，我方遂指定該處為收款機關，此事始告一段落。於此更可證實荷國之遇事謹慎，不敢開罪日本，此特其一端焉耳。

（原載《傳記文學》第十一卷第四期）

希特勒進攻荷蘭

德蘇互不侵犯條約

一九三九年三月，希特勒併吞捷克後，進一步釀成波蘭問題，製造波蘭人邊境尋釁事件，企圖借端進兵，消滅波蘭。在此緊張局面之下，蘇聯地位，舉足重輕。起初英、法二國，拉攏蘇聯，其目的在萬一德攻波蘭，可能聯合蘇聯，以共同阻遏德國之侵略。終以蘇聯提出進兵波蘭條件，波政府堅不接受，因而英、法對蘇談判，陷於僵局。同時，吾們知道希特勒與史達林二人，皆是頭等陰謀家，鈎心鬥角，不擇手段，爾詐我虞，彼此玩弄。希氏乃運用其陰險狡猾的手腕，密與蘇方聯絡，既停止其歷年來反共論調，並看破史達林志在瓜分波蘭，藉與德國分贓，故即接受史氏條件，以此層及他項領土上的利益，慷了他人之慨，以為取得蘇聯中立之代價。是年八月二十三日，兩個簽訂並公布互不侵犯條約，同時簽訂分贓密約，不予公布；遂一星期，德軍進攻波蘭，蘇聯如約中立，第二次歐戰，於以爆發。

先是，我於是年六月十四日晤見荷外長巴丹，巴說是日上午，聯合通訊社海牙辦事處主任斯搭克Stark來部報告，謂據可靠消息，德蘇二國，訂有密約，內容未詳云云。我遂與巴君共同研究一番，他說假定所訂的是《互不侵犯條約》，則英國尚可與蘇聯商訂遇有侵略時互相協助的條約。我問假定該密約規定倘德英二國間發生戰事時，蘇聯允守中立，將如之何？荷外長答稱，如此則英蘇間即無訂約可能，情形益見嚴重。我說：老希最近國會演說，對蘇聯隻字不提，此非佳兆。巴氏亦有同樣感想。他又謂英國實已盡力阻擋蘇聯與德國聯在一起。我說恐已為時太晚了。駐外使節探聽消息，報告政府，為主要職務之一端，何況此係要聞，而又得諸荷外長本人，故我回館後立刻據電外交部。實則荷外長得訊頗早，簽約尚在兩個半月之後。蓋德蘇二國，向來互相仇視，茲以情勢推演，轉而互相利用，故須調整邦交，原非短時間所能議妥；於是從商務談判入手，不但較見自然，亦且借以掩人耳目，旋乃進入政治談判，為其真正目標。然因此別館有以商約電告外交部者，緣訂立《互不侵犯條約》前幾天，確有兩國簽訂商約之事也。

荷蘭維持中立之艱難　汶羅事件

荷蘭傳統的中立政策，純粹自主性質，意在專靠自己的力量以維持中立，不欲任何他國用任何方式訂約保證，更不欲與任何國簽訂軍事同盟，故凡有保證中立提議，荷國概予拒絕；然歐戰初起後英德二國所為尊重荷蘭中立之片面聲明，荷政府雖不正式接受，亦未表示謝絕。

荷蘭之謹守中立也，對任何交戰國，採取同樣不偏不倚的態度。歐戰初起，德國商請荷商照料德國在波蘭暨非洲幾處屬地的利益，故荷國一部分人，認為此可證明德無侵荷意思，大部分人，則謂此種看法，未免過於天真，他們並早料他日侵犯中立來攻荷蘭之國，必是德國而非英法。然亦因此荷政府對於保守中立一事，對英較多挑剔，而對德反有時予以禮貌上的敷衍，天下事每多矛盾，此其一端。故於英國實行對德封鎖，公海上搜查中立國船隻，扣留運德貨品，損害中立國貿易，荷國抗議甚力。旋以德國大量的實施磁吸性水雷戰術，英乃沒收德之出口貨以為報復，荷國於此九指英國之舉動為有背國際公法。而對於德國，反多所周旋，例如一九三九年十一月八日明興炸彈案，希特勒得免於難，荷后致電稱賀，荷外長既親往駐海牙德館慰問，又訓令其駐柏林使節往德外部致意。荷國既戰戰兢兢，必恭必謹，至於如此，而德方則仍以其過於服從英國，深致責備。英方則以荷比等國能否保全，須視英之是否戰勝而定；於是多方宣傳，慫恿其放棄中立，欲令荷比等國暨他中立國，起而與英法為一致抗德之舉動，此則中立國所不敢為也。

是年（一九三九年）十一月間，希特勒初次轉了西進的念頭，對荷蘭方面，責其袒護英國。是月九日，荷外長克蘭芬斯（克氏以荷外部司長，外放駐瑞士公使，正當就任，值內閣改組，升任外長。）在國會第二院演說，力加否認。說「吾們不願做英國的工具以害德，正與吾們之不願做德國的工具以害英者相同。吾們態度正當，無可訾議。須知荷蘭人為獨立民族，正如國王威廉第三所云信上帝恃己力以為生也。」

荷德二國間之摩擦與爭執，其性質最嚴重者，為The Venlo incident汶羅事件[10]。先是，十一月八日晚間，希特勒到明興啤酒室，舉行納粹黨紀念年會，

10 我於汶羅事件，在所編送外交部的〈德荷戰事經過情形報告〉內，寫一小段，茲根據下二書，予以補充：

（1）*Juggernaut over Holland*, by E. N. van Kieffens, New York, 1941, pp.64-68.

是日演講，較往年為短，且以前演講畢後，每與老同志飲酒話舊，移時始別。是晚說完，即偕幾個要人匆匆離去。去後約十分鐘，壁柱間一聲爆炸，死傷數人。戰後查明此係希氏同意裝置，誣為英方祕密情報人員所為，藉以激起國人痛恨美國而加強擁護領袖之情緒。該案發生後，其機關報歸咎英國。會有年輕黨員薛倫伯Walter Schellenberg者，冒名為反對納粹黨的德國人，正與英方諜報人員二人，取得祕密聯繫。此二英人，一為斯的文斯少校Major R A. Stevens，是駐荷英館祕書兼管護照事宜。又一為白斯脫上尉Captain S. Payne Best，是一位娶有荷婦久居海牙的英國人。二人奉有倫敦方面密令，准與德人會談，藉以試探有無與反納粹政權和談基礎，（荷外長只說試探有無和談基礎。）經密洽荷方情報機關後，荷方派有軍官克洛伯中尉Lieutenant Klop參加，此則據荷外長事後解釋，謂係欲察看並防阻有侵犯中立情事。此數人者，先已在荷國東南部與德國交界地點，會談二次，是日（十一月九日）將在汶羅作第三次聚談。白斯脫等一行，乘汽車行抵會面地點時，突有德方暗探，從相距只一百餘英尺地點，

（2）*The Rise and Fall of the Third Reich*, by William L. Shirer. New York 1960, pp.652-56.
第二書記載尤詳，且其說法與荷外長所說有不同處，當從第二書。

越境開槍，擊斃荷軍官，攜其屍體，並劫二英人與荷蘭汽車夫，同入德境，遂誣指該二英人為炸彈案主謀。荷政府迭次交涉，均置不理，直至次年五月十日德軍進攻荷蘭，乃指汶羅事件為荷英二國串通害德之證據，而為興師問罪之理由。其裝置炸彈之人G. Elser為一熟練的小機器匠，以有同情共產嫌疑，投置某集中營，至是賄令擔任此項工作。他本恨老希，聞此謀害計畫，適符腹中私願；既已製彈裝好，本許其恢復自由，資送瑞士居住，既而仍送置集中營，直至戰事將停之際，為暗探所害死滅口。該二英人，亦送度集中營生活五年，戰後均得生還。

一九三九年八月下旬，鑒於德波關係之惡化與歐局情形之嚴重，荷蘭、比國、盧森堡、瑞典、挪威、丹麥、芬蘭七國元首，共同作一和平呼籲，未得要領。荷國復約同比國分別向德、法、英、義、波蘭五國使節，提出荷比共同調停之議，亦無效果。迨戰事起後兩閱月，以傳聞德將進兵西歐，形勢緊急，荷、比二國元首，又共同向德、英、法三國，再作一和平解決紛爭的呼籲。英法分別覆稱該二國關於恢復和平之主張，業經宣布，倘德方有足以貫徹此項主張之建議，當為誠懇考量。德國口頭覆稱荷、比二國的動議，既遭英、法破壞，當已失去作用，成為過去，因此這次呼籲，亦歸無效。總之，荷國盡其最大努力，冀欲保全和平，至少維持中立，終於為德人所侵略，牽入漩渦，中立為所破壞，疆土為所佔領，確是一頁痛史。

荷蘭國防之配置

荷蘭值第一次歐戰，幸得守住中立，戰後國聯產生，初時希望可恃以維護世界和平，故不甚注意國防，而偏重教育及社會福利事業。到了一九三〇年以後，看破國聯毫不發生作用，希特勒野心日露，得寸進尺，全無止境，英、法應付失宜，荷國處於其間，怵於局勢日非，對於國防，雖非亟起直追，亦稍有亡羊補牢之覺悟與準備。

荷國東境全線，接壤德國，南北約長三百公里，故其國防配置，最為注意陸防；當然同時布置西岸海防，則聊示對英對德同樣設防初無歧視而已。其在陸防方面，於荷政府下總動員令後，可得三十五萬至四十萬人，編成十師，其中受有現代軍事訓練者，約十萬人。荷蘭國小兵弱，復無高山峻嶺以為守，其國防主要任務，只在盡力所能以維護中立。他方面，則以該國地勢低窪，全國河道縱橫，水閘完備，謂可恃以禦敵，而啟閘灌水，遂為荷國有史以來國防上傳統的要素。論其邊防，如指定地點之準備放水，如橋樑之備炸，如機關槍網之設置等等，充其量，只能暫擋敵人的猛攻，以之擊退強寇，原屬不可能的。

荷蘭海空軍質量俱差，實無足道，當年所引為自豪者，為灌水線防守區。凡政治中心之海牙，工商業中心之阿埠、鹿埠及他城，皆位於該區範圍內，亦即該國國防地帶所在地。阿埠本為重鎮，即歷年填海所築長堤，亦復設防。而此灌水線者，不獨含有軍事上重要性，並有歷史上的價值。西曆一六七二年，荷人嘗於其地，以一萬荷兵，阻路易第十四十倍之師，至於今傳為美談。灌水區，寬自四公里至五公里不等，水深可至數公尺。歐戰初起，迭經試驗，認為可使敵人的馬隊與機械化部隊，均陷於泥淖而不得進。此外，荷國所有防區，皆可放水，固不獨灌水區域為然也。

講到這裡，我想起一九三九年十二月間，我同柯林博士，均在日內瓦參與國聯會務，一日，他邀我到他旅館午飯，談起國防線，用鉛筆畫一草圖，詳為解說，興趣甚佳。他說：德人若引兵來攻西歐，必然遇到英法荷比軍隊聯合抵抗，故他對於荷國前途，並不悲觀。且言聯盟國可望戰勝，歐戰一年可了。我又連帶想起是年上半年，荷政府決定造戰鬥艦四隻，以充實荷印海防。當討論該案時，柯總理一人看法，認為荷印發生戰事，可能在十五年、二十年之後，目前並無威脅，故無須造艦，其他閣員，如殖民、國防、外交各部長，均不然其說。按柯林為荷國有名政治家，歷任總理及他要職，亦常出席國際會議，為荷后及一般人士所信任，國際間亦有名望，然其估量世局，真未免太欠成熟了。他亦曾向邱吉爾說：若有敵人來攻荷國，他只要在其公事房內，一按電鈕，全線放水，即可將敵軍擋住。邱君回憶錄內批評，謂「這都是胡說。」（Winston S. Churchill's The Second World War, Volumc Two, p.31.）

然一九四〇年一月間，柯林曾向其政府建議，主張與英國商洽共同禦德計畫，同時並與德國商洽共同禦英計畫。他的看法，以為荷國處此危局，必有求援於他國之一日，顧現代戰術，千頭萬緒，必須與理想中的友邦，早為接洽準備，方可臨變得有效之援助，此如友軍應在何地登陸或駐兵，又如友邦飛機應停何處機場，種種問題，均須事前早為商定，即不得不預有接洽。其時荷蘭當局，深恐若與一方在國防上有所接洽，必將啟對方之疑慮，而促成侵略之禍，是則商洽準備之利未見而弊已先乘之，故對於此項主張，不敢採用。至於此議若行，究竟能否減少危機，阻止侵略，則亦未可知也。

荷德五日戰事　荷政府遷倫敦　德國佔領荷蘭

一九三九年九月間，希特勒既征服波蘭，移軍而西，西歐各國，頓生恐慌，局面之乍張乍弛者數次。初傳十一月間來攻荷、比等國，幸而未果。旋值冬令，多霧復多冰凍，不利於作戰。次年一月間，有德國飛機一架，在比境被迫降地，查獲進攻荷比計畫，急報傳來，又大吃緊。四月間德國用威脅手段佔領丹麥，同時攻佔挪威。嗣後一個月間，荷、比等國，無日不在戒備中。五月八日午後，我訪見荷外長克蘭芬斯，他說並無特別緊張情形；他又說是晨四鐘，駐巴黎和使以傳聞德軍進攻荷國北部，特來電話打聽，「我（荷外長）答以你去睡覺罷，亦讓我睡覺呢！」次日即九日，我接到階平（錢泰）比京電話，說他接到蔗青（駐德大使陳介）電，謂日內「德國某君」要來拜訪他（階平）與我，並分訪少川（巴黎）、復初（倫敦）二君云云。是日傍晚，某報館記者來館，尚對我說形勢又稍見緩和了。又次日即十日天尚未明，德國某君果然來拜訪了。

是日（十日）晨四鐘一刻左右，我睡醒，聞空中巨型飛機聲、槍聲、及高射擊聲，疑有變端，披衣而起。我倚窗而望，看見德國飛機約二十架，飛翔成群，高射礮彈，煙藥滿天。吾妻及小孩，看見飛機上德國國徽甚清楚。俄見德機一架中彈落地，離館屋甚近。我與外部及各處通電話，證實戰事業已爆發，晨三鐘起德軍開始進攻。六鐘駐荷德使方恰克von Zech往見荷外長，親送最後通牒，稱德人已以大軍進攻，所有抵抗，均屬無濟。荷蘭若不抵抗，則德國可保證王室以及王國與海外屬地之完整，否則其國土與政治地位，將發生完全毀滅之危險，因此勸荷政府立刻曉諭全國軍民，並設法與德國司令長官覓取聯繫。又稱德國獲到確據，英、法二國，即將侵略荷、比、盧森堡三國，以進攻德國之羅爾Ruhr區域。此項進攻計畫，早經準備，為荷、比二國所知悉云云。荷外長聞言甚怒，用藍色鉛筆寫出短短答覆，云所稱荷國與他國接洽，企圖反抗德國，此種推測，荷政府憤然否認。茲德國既已無端侵略，則荷德已成交戰國矣。同時德外部以很長的備忘錄一件，當面交與駐柏林荷蘭公使，歷數荷蘭如何自己違背中立，特別指出汶羅事件，認為興師問罪之主要理由云。

荷蘭對德抗戰，自五月十日起至十五日止，支持了五天，以視德國原來計畫，欲於一天內解決竟奮鬥了五天之久，就荷人方面而言，已感覺到雖敗猶榮了。戰事初起，敵人的陸軍、空軍，用閃電式撲攻，來勢極猛。尤其是他的跳傘部隊，都是年齡十六歲至二十歲的青年，紛紛下降在業經放水的防守線後面，迅速的佔領幾處飛機場，接連著便運來大批軍隊，從空降落，佔領若干主要橋樑及其他要點。此如南達比國之莫爾大克Moerdyk長橋，原定必要時炸毀，倉卒間不及施炸，已為敵軍所佔領，然後向北威脅鹿埠、海牙等城。於是前線後方，內外夾攻，加以第五縱隊與荷蘭國社黨人以及其他通敵分子，極端騷擾，激成巷戰，荷軍顧此失彼，無法鎮壓，固然荷軍奮勇抵抗，無如比較敵軍，強弱懸殊，有效的外援又不至，燎原之勢，撲滅無從。德國預定開戰那天，生擒荷蘭女王與全體閣員。藉以劫持荷政府而消滅抵抗力。幸而守軍防範抵抗，相當努力，第一天得英空軍幫助，將敵軍在海牙佔領之飛機場一度奪回，都城暫獲保全。而擔任攻入海牙生擒女王之德將軍，所坐飛機，被擊落地，該德將斃命，計未得逞。是日荷外長偕同殖民部長韋爾脫J. I. M. Welter奉政府命飛往英國，與同盟國覓取聯繫，繼續共同抗戰。不久荷公主與荷后荷閣，亦先後坐英國驅逐艦往英，在倫敦成立流亡政府。其時荷軍不支，前線崩潰，然中心區之守軍，尚在作最後之掙扎，敵軍尚未獲攻進海牙、鹿埠等城，故德要求鹿埠即日投降，否則將遭空襲之禍。乃荷軍官正在接洽投降條件與方式之際，德空軍遽向鹿埠市區猛烈轟炸，其禍甚慘。荷軍旋投降，荷國西南部繼續稍有抵抗，至十五日而全國為德軍所佔領矣。」

荷蘭王族，德國所自出，人民亦多德國血統，所說外國話，德文居百分之五十，無怪人民傾向德國，並非少數。荷國亦有國社黨，即納粹黨，戰事發生之前夕，該黨領袖慕珊爾Mussert會宣言，德若攻和，荷蘭國社黨人既不在政府服務，又非軍官，自惟有袖手旁觀。又言此次歐戰；若英法得勝，則吾黨即無立足餘地矣。總之，荷蘭後方，頗多賣國行為，然似未必與德軍表裡響應，故尚非直接通敵。又上年（一九三九年）冬間，本有從荷蘭偷送荷兵軍服於德國之說，此次跳傘德兵，果有穿荷兵軍裝者。亦有扮成傳教師者，則謂其使命在於勸降，並無其他作用。又有上次歐戰，德人流落荷蘭，生有小孩，窮無所依，荷蘭人撫養成人，至是投入跳傘部隊者。亦有裝扮巡警郵差或其他平民模樣者。其中亦有前在荷蘭當女僕者，原來戰前以德國女僕，做事勤敏，荷蘭人每喜雇用，至是隨同跳傘隊降落原主人居宅附近，做嚮導工作。此外尚有久居荷蘭善操荷語之德國青年，亦作嚮導。總之，後方種種舉動，詭計百出，在德國人眼中，固認為愛國行為，然自國際作戰慣例觀之，則至少成了新的紀錄矣。

荷、比二國，直到德開始進攻，方始放棄中立，向英、法二國求援，平素既無洽商，臨變焉能生效？戰事發生，英法軍隊，立刻會同比國軍隊，共同在此境作戰。至於荷蘭方面，則有法軍一師，亦立即開拔，沿海北進，然僅得趕到荷國南境，未克與荷軍取得聯絡，終被敵軍壓迫而退。若論英國對荷援助，該國除派若干架飛機相助外，亦曾派軍隊一營人，登岸來海牙助戰。其時鹿埠最吃緊，荷方商請轉往彼處，以未奉本國軍部命令不往，仍回海口上船而去。其中一部分人，本欲去毀某處水閘，被擋未果。又英之兵船專為迎接王族及政府人員逃往英國，並無其他任務。荷蘭輿論，對英、法頗不滿意，對英尤甚，謂英國人只曉得指揮別人做事，自己卻不動手；又譏英兵但知挑剔飲食，不喜吃荷蘭飯菜，晨間要喝惠士基酒，晚上要喝香檳酒云。

荷德戰事既告結束，越二星期，即五月二十八日，比王投降。德軍原已於五月十日起，同時猛攻法、比二國，十三日晚間，奪得西丹Sedan要塞，西丹為一八七〇年普法戰爭法軍敗降之地，亦即第一次歐戰德軍衝進法國之地，此次開戰第四天，已被敵軍佔領。德軍於是乘勝直攻法國西北海濱，聯軍大敗而退。德軍遂佔領海口數處，以威脅英倫三島。其時聯軍困守海角，隨時可遭全軍覆沒之禍，幸而遇到老希軍事上一大失算，令軍隊停止圍剿，凡幾天，英人趁此機會，搶救英法兵三十三萬八千餘人從鄧口克Dunkirk分批渡海撤回英國。同時德人會師轉戰而南，直趨巴黎，席捲而來，所向無敵。法總理雷諾Paul Reynaud說：「法國抵擋德國坦克車的設備，有如海灘上的兒童，堆沙成牆以擋海浪之來衝，其何能濟！」既而義大利趁火打劫，亦對英法宣戰。巴黎以六月十四日失守，越三日法政府改組求和。是月二十二日、二十四日，先後對德、義簽訂停戰條件。於是自挪威、荷、比、法國，以達於西班牙邊境之海岸線，長約五千公里，盡入德軍手中。是時德國一面放出和平空氣，一面於英方堅拒後，開始準備進攻英國。其時一般人推測，三四星期內，英國亦將崩潰，邱吉爾則宣言誓死抗敵，不幸戰敗，準備率海軍奔往加拿大，徐圖恢復；形勢危急，至於如此。故荷蘭之勝敗，自一般人觀之，實在無關緊要也。

於此有當特筆詳寫者：距巴黎東北約三十五英里，有樹林叫做鞏比愛尼Compiegne，中有一塊圓形空地，一九一八年十一月十一日，德國敗降，其地特置臥車一輛，聯軍總司令法國上將福幫Marahal Foch，在車中受降，簽訂停戰條件，事後以此車送存巴黎某博覽院，成為勝利紀念物。至是老希下令將該車拖運至原地點，六月二十一日下午，他坐了福煦原坐的椅子，接受法國代表投降，其停戰條件，次日車中簽字。據一位有名記者兼作家休樓William L. Shirer當場目睹的記載，謂老希登車前臉上表現出來，何等憎惡而又蔑視法國，何等心心念念要繼報仇，何等得意洋洋，何等睥睨一切。又說看見他（老希）兩手急拍其臀部，兩肩如弓之外張，兩腿跨開頗遠，態度傲慢，與其臉上表情相配合。其後我在海牙看新聞電影片，見老希在車邊手舞足蹈，舉止浮躁，我頗嫌其失態。然平心而論，車猶是車，地猶是地，二十二年間，勝負易國，榮辱易位。其生平為祖國為民族復仇雪恥之抱負，一旦如願以償，躊躇滿志，自是人情，此段戰績，決不因後來慘敗而減少其重要性。成敗之數，難以逆睹，歷史循環的教訓，非吾人所應牢記者耶?

我往鹿埠訪問僑民　中立國使節會談　我往比京一行

五月十四日下午鹿埠市區遭轟炸，傳聞平民炸死二萬五千人至三萬人。克蘭芬斯書內說三萬人，即一九五三年刊行之《大英百科全書》，亦用此等數字。我編送外交部的報告，則歷舉德國官方公布三百人之數，以至駐巴黎荷蘭使館所稱至少十萬人。我的日記內，乃言：「有說平民死傷六萬人，德方說六百人，何相差如是之鉅耶？」當然皆非確數，直到一九四六年在德國紐蘭堡Nuremberg之國際軍事法庭，荷政府報告平民八百十四人被炸死。可見數字難得準確，此其一例。此外傷數千人。無家可歸者，七萬八千人。但該軍事法庭，對於鹿埠轟炸，並無人因此定罪。

德、荷戰事初起，我即囑駐阿埠領事馮吉修，將僑民所在地，大致分為四區，一鹿埠，二阿埠，三海牙，四烏埠Utrecht，每區推定或指定僑界領袖一二人，代表各該區全體僑民，就近向使館或領館報告消息，並接洽事務。海牙二人，連日來館，烏埠及他處小地方，華僑極少，無甚問題；阿埠有領館照料，要不成問題；獨鹿埠人數既眾，炸禍最烈，而消息全斷，我乃於被炸之次日即

同日午後，領袖公使（瑞士公使de Pury）因羅馬尼亞公使Diano之要求，在其館中邀請中立國使節會談，所議四事：（一）外交官通電話，應不加阻礙；（二）外交官應自由取存款，不受限制；（三）不受糧食煤油及其他日用品配給限制；（四）關於外交人員撤退一層，眾認為無跟隨駐在國政府義務。因議定前三點請由領使與交涉。越旬日以未得領使覆音，羅馬尼亞公使請於其館中茗談，領使未到，其時銀行取款及汽車用油等項，已有辦法，但各使與本國政府明密碼通電一層，則尚亟待解決，乃公推我及義大利公使Diana，往見領使及荷外部人，義使不願往見瑞使，乃推我一人獨往兩處，我允以中國公使資格去打聽消息後再來報告。是日會談，同人中有富於法律思想者，則謂此時絕對不可與德館來往，即託德館代發私電，亦認為有所不便。我因分訪領使及荷外部人，探知通電一層，必須聽由德方決定，即據以報告同仁，有人仍推我往見德使，我謝不敏，乃改推義使，義使允往，眾甚喜，昨之持法律見解者，至是亦無異辭。再者，瑞士公使以諸事糾纏，覺得不耐煩，曾對我說：「諸同仁中，有未了解吾輩已成為無地位人，吾輩只是幾歲小孩而已。」諸同仁中本有對他不滿意者，故此語我不予轉達，免多刺激。義使與德使商談後，德使說因有技術上的理由，此時仍不能通電。其後德國外交部派一位代表來海牙，姓白奈Bene，是公使地位，瑞使亦曾往與商談，仍無結果。在此期間之內，我的來往公私函電，概託由柏林陳大使代轉，直至七月初，接到日內瓦辦事處所轉重慶我外部最近戰事情形電，為第一次直接外來電，又同時我直接發部電一次，此兩電均係英文明碼，仍須經過檢查，方能分別收發也。

戰事發生後，我以一則要曉得比國實情，二則要打聽錢大使及吾姪咸和消息（咸和時肄業比京化學專校），故常想往比京一行。某日，羅馬尼亞公使說起，他曾坐汽車往比京一次，並無困難，故我亦擬去，為鄭重計，仍託德館轉向德司令部請發通行證，覆言不能發，並言倘自己前往不免冒險。我仍於五月二十六日晨九點鐘出發，沿途看見德國運軍火車輛甚多，皆係南往比、法二國接濟前線。又莫爾大克長橋，正裝高射砲二尊，以防英機轟炸。以十鐘半到比境，和境無人看守，比境遇德兵三人，車稍停，車夫下車說明後，德兵向我行禮而退，毫無阻礙。途中大路有被炸毀者，循小路繞道而行。沿途來往軍用車甚多，有時車停稍候，有時我車夾一排軍用車而行。正午抵比京大使館。階平全家，已於旬日前隨同比政府西遷，咸和隨往。留王祕書賚祺及館員三人在館。王君說：比政府決定西遷後，比外部交際科長，電話通知各館，但是否隨往聽便，餞使決定不去，越一日，又來電話，表示希望隨往之意，同時又有其他緣由，乃改定隨往。然中立國使節之留在比京者，連同領袖大使與領袖公使在內，尚有若干人。又留比使節，已向德司令部或留片或往拜訪不等。我在館午飯後回海牙。其時前線尚在激戰，（比王於二十八日投降，）然比京及盎維斯Anvers（Antwerp）等城，依然無恙，街上行人頗多，熱鬧如平時，一若並未經過戰事，亦未遭受敵軍佔領也者。

佔領國之行政設施　培納親王生日事件

德軍佔領荷蘭次日，即五月十六日，將荷蘭鐘點提早一句鐘四十分，改成德國鐘點。斷行「德國昭信特種票」，以一個半馬克，換荷幣一盾之比率，定為荷幣以外之法定貨幣。同時德軍總司令出安民告示。勸居民各務所業，安堵如常。越二日，希特勒下令將荷蘭軍民事務，由軍民長官，分別處理。軍事由駐和德司令負責。民事特設民政官一人，稱為「荷蘭被佔領區德國民政長官」，駐節海牙，執行廣大職權，在適合軍事佔領狀態範圍之內，維持荷蘭官廳與法律，並保持司法獨立。因派崔心誇Arthur Sess-Inquart為民政長官。崔心誇奧國人，德奧合邦時代，曾任奧政府閣員，合邦後，受希氏任命為奧省長，同時任德政府閣員。波蘭被德軍佔領後，又嘗任為波蘭被佔領區代理總督，茲任今職；一九四六年，國際軍事法庭判處死刑。

荷政府全體閣員離荷赴英後，其各部祕書長以下人員，均留海牙，照常供職。海牙既被佔領，則成立「祕書長團」，其職務僅在調整次要性質工作，德方視為一種承轉機關，其在荷方，尚有認為不絕如縷的國家生命所寄託者。至稍關重要事項，皆須送由德方辦理。荷外部尤無事可為，原署由德外部駐荷代表設辦公室，該外部初遷殖民部，嗣移國會第一院。蓋自德軍進佔海牙後，各機關往往被迫他移，其檔案亦被搜查云。

民政長官之下，復設四個委員，分掌行政、司法、公辦、特務、以及財政經濟諸事宜。德之佔領荷蘭，起初雙方頗能合作，故對荷方力持寬大，雙方俘虜同時釋回，即其一例。（兩年後，德國以荷人不甘屈服，仍將荷俘送往德國拘禁。）既而以荷兵對佔領國軍政長官，殊少致敬，德軍司令部嚴厲處置。

自時厥後，德方態度，驟增強硬。管理統制，益見緊張。舉凡糧食汽油、暨其他必需物品，儘量搜括，而居民所需，則嚴加限制。此外如虐待猶太籍人以及其他苛政，次第推行，猙獰面目，完全暴露，當然惹起反應，激成地下抗敵工作，亦復日甚一日焉。

八月二十九日，為培納親王Prince Benhard生日。（親王是當今荷后Queen Juliana之夫。）海牙市長，先期知照市民勿懸國旗。向例，凡遇女王、公主、親王生日，及王室吉凶大事，宮中備有簽名簿三冊，便賀者弔者簽名。至是群往簽名。（照例，外交使節亦往簽名，是日我仍往簽。）又以親王喜佩之白色小花康乃馨carnation繫於衣襟。並於宮門前遍地舖飾，以示慶祝。晨間雖人多尚無事。中午愈聚愈多，學生成群。既而荷總司令General Winkleman（即投降德軍之軍官）亦來簽名。眾唱荷蘭國歌，有高呼恢復王室者。情緒緊張，荷警無法阻止。旋德警持機關槍往彈壓，禁止簽名置花，並禁進宮。傍晚德機數架，全城飛巡示威，幸未釀成慘劇。德方旋將簽名簿攜去，荷總司令及海牙市長，均免職，尚有他軍官一人亦受處分。又有禮官一人亦被監禁。事後荷蘭某要人談及此事，言一國既被佔領，即不應有此舉動，因而予佔領者官廳以口實，俾得藉以採取更嚴厲手段，殊為可惜云。

德外部知照撤館　我遵照部令往住瑞士

德軍佔領海牙後，外交使節有事接洽，起初仍往荷外部，嗣往德館，德館裁撤後，亦有往洽德外部駐荷代表者，如上所述。六月初，德外部向陳蔗青大使口頭聲明：德國已於荷蘭派有軍民長官，此後凡與荷蘭有關之政治或經濟事務，應由駐德使館與德外部接洽，其屬地方領事性質事務，可由駐荷蘭使館與派在荷蘭民政署之德外部代表接洽。可見其時德國雖欲干涉被佔領國之外交，尚無要求撤去別國使節之意。是月二十九日，德外部照會陳大使，請求撤館，是通函性質，譯文如下：「德外部照開；挪威、荷蘭、比利時及盧森堡，德已全境佔領，各該國法權，已入德手。且各該國前政府，業已逃離本國。其法律上之政府職務，已不能行使。在此狀況下，各國派駐各逐國前敢府之外交代表，已失其根據。如中國政府與各該國有關政治性質之事件，可尤其在柏林之外交代表，與德國外交部接洽。為此特請中國大使館，轉致其政府，將在奧斯麓、海牙、蒲魯塞爾、盧森堡外交代表撤退，並至遲至七月十五日為止賞行。再德政府暫允原在各該國及領土之領事代表，仍留原處，事實上執行其固有之職務。此致中國大使館。」

原來第一次歐戰時，我國駐法、比等國使館，在戰爭期間，仍照常留駐原地點，初以為此次或可照樣維持，至是德方限期請撤，惟或往柏林或往伯諾Berne（Bern）（瑞士京城）悉聽便。經電部請示後，我於七月十二日接蔗青九日函轉八日部電：說我「應住瑞士，對外可稱候路通回國報告，王庭珊以領事名義，王思澄以副領事名義，留館注意辦理領事事務。」詎各國政府，有欲酌留館員於海牙者，亦有在荷已設領館，而仍欲改派使館人員為領館人員，或欲添設領館，而派館長若館員為領事者，德方均不許，故二王君留館一層，亦辦不到，只有館長館員全體離荷，只留領事馮吉修，隨習領事吳發祥，雇員夏朗東維持領館，我即據以電覆外部。又部有電囑我作離荷的準備，事實上我早有風聞，本已有所布置，故已將原館屋退租，另租房屋暫住，可隨時退租，又與馮領事吉修妥治館務及僑務，又與荷外部原經手部員妥洽庚款事宜，並於遇有困難時，擬將留和陳、劉二生送往荷印繼續求學等等，部署粗定，隨時可以離任。

於是我於十二日往國會上議院即第一院，與荷外部諸友人話別。歸途遇范洛英，立談數語。五月間我曾與長談，他說他相信彼等（指德人）必將退出荷蘭，我因語以歷史循環往復絲毫不爽。按此君是荷蘭少年外交家，佔領期間，以從事抗敵工作，被德人三次拘禁，一九四四年逃往英國，復國後，歷任駐美大使、外交部長，現任駐英大使。我又偕吾妻往看貝拉此夫人，荷后避英，除全體閣員俱往外，其他大員，惟貝拉此一人亦奉命而去，留其妻在本國，是日她與我們握別時，幾乎放聲一哭。

次日即十三日，我往看我友柯林博士。他對於荷國前途，發表意見，著書印行。大致以為即使荷蘭恢復獨立，然其前途，無論從政治方面，或經濟方面著想，必將與德國國策，發生息息相關的關係。就政治言，假使大國如法國，猶當從民治政體，一變而為獨裁政體，則荷、比等小國，豈能獨免？故柯氏主張在現今王室統治之下，組織一黨的政府。就經濟言，柯氏之意，以為荷、德二國間，必須有密切的合作，使德國經濟上之需要，得以滿足。彼又主張成立兩國貨幣的結合，在荷蘭本國及其屬地內，馬克、荷盾，一樣通用，如是，則德國可以自由購買原料，不遇困難。因推想德國願意荷國恢復獨立，蓋荷印豐富資源，為德人所屬意，亦惟有獨立的荷蘭，方能保持荷印，而以其資源供給德方也。柯氏之主張，大致如是，其前提則在於恢復王室。因召集各黨領袖加以討論，一致贊同，並成立九人委員會，推某省君長某省為會長，仍與祕書長團合作。柯氏之所為，雖未經德方同意，然為德方所知悉，惟荷國國社黨與共產黨，柯氏並未邀同合作耳。柯林說完後，以該印件親筆簽名送我一冊。我次年七月間到英，荷政府人談起該項主張，以其對敵妥協，如同投降一樣，故對柯氏大不以為然。

又柯氏是日與我談到荷德戰事，他頗怪本國防務不免疏忽，而作戰亦不夠出力。他又說荷軍僅支持五天，他起初頗覺失望，既而鑒於法國垮台如斯之速，則對於本國的感想，亦為之一變。因言他原來主張事前先與英、德二國，分別商談防禦計畫，當局不見採用，（已見上文，）可見「荷蘭並無通曉世務之政治家，即如克蘭芬斯者，只是一個好的事務官，其長處只在起草外交文牘而已。」柯氏又云：「依照憲法，政府應設在荷蘭，不應遷往倫敦。故現政府諸要人，於其回國，應處以叛國之罪。」並云女王不應受責。我旋以柯氏之詢問，答以我國雖在萬分艱難之中，仍繼續抗戰，重慶迭遭敵機空襲，情狀甚慘，然以山中備有堅固防空洞，可資躲避，故尚能勉支。柯氏旋提起某人，而忘其姓名，我答言是否指汪精衛？他言是的。我說此人已變成日本人了，柯氏說如同吾們的祕書長一樣！（指原任荷外部祕書長施拿克Snouck，其時已任「祕書長團」的職務，與德人充分合作。）再者，其時德方對於在海牙荷國要人之行動及住宅，每派有特務警察，密布偵邏，故是日我之往訪柯氏，臨時雇車而往，到即付錢令走，囑勿等候，談畢出門，步行到附近車行，另雇他車而歸。當談話時，柯氏曾越身就窗外望，說他的宅外，亦常有人巡視，此刻卻無人在，因言彼已年老，固無法令其改變習慣與主張[11]。

越三日即七月十六日，各中立國使節，除日本公使及其他極少數人往柏林外，餘皆率同家著及館員，坐「國際車」直開瑞士京城，以晨七點鐘從像開車。車費仍由各人自付，並以該列車空車開回，故須付來回費，付款多少，不記得了。我國為我夫妻及三孩又王祕書思澄共六人（彭惕、王庭珊往柏林），

11 我歷年與諸人談話，大致皆用英文記載會晤錄，亦經隨時擇要送外交部。是日我與柯林談話，見〈會晤錄〉第一六六號。

尚有我國法官鄭天錫全家，與國際法庭諸人同行。其到站送行之人，除德外部代表白奈公使及荷外部祕書長施拿克外，尚有兩位前任荷外長等多人。又貝拉此夫人亦來送行。尚有我領館同事及華僑代表等等。我兩兒德校同學來送行者，亦不少。漢學研究院主任戴聞達J. J. L. Duyvendak趕到，車已開行，我嗣在日內瓦，接其來函道歉，然我於行前從其圖書館借到周黍谷（春）《杜詩雙聲疊韻譜括略》一冊，置諸行篋，隨時翻閱，由瑞士而英倫而比京，勝利後始寄還，戴君旋下世，此為荷蘭有名漢學家也。是日車行，一路平安。萊因河畔，除極少數房屋橋樑被毀外，並未見有英國飛機轟炸痕跡。遂以晚十鐘半即荷蘭鐘點十一鐘半到伯諾，味道候接於車站。

附錄我詩幾首

我當時做了感事詩七律四首，全錄於左：

蕊珠宮裏奏鈞天，醉攬人寰點點煙。

一自妖星壓芒角，幾回滄海變桑田。
帶秦偏有新垣衍，卻敵無聞魯仲連。
從散衡成歎同轍，覆車相望兩千年。

甌脫艱難即禍胎，三強逼處亦堪哀。
欃槍墮地雲中熾，烽火連天劫後灰。
倉卒銅仙辭漢闕，流離逋客慟西臺。
老臣儘復思王室，海外鑾輿幾日迴。

雷霆千乘蹋儲胥，百萬貔貅會戰初。
鉅鹿昆陽俱遜色，長城深壍竟為墟。
救亡空灑秦庭淚，定敵終降軹道車。
二十載驟逢陵谷變，雄圖霸跡總成虛。

積骸成莽血成泓，鬼語鵩啼夜有聲。

牛耳仍憑百戰勝，龜符休詡大橫庚。
蚩蚩何苦遭塗炭，袞袞猶誇被寵榮。
料得蒼穹終厭亂，靈芝早晚報河清。

第一首借嬴秦以喻希特勒之横暴。首二句用天帝以鈞天廣樂饗秦穆公，帝醉而錫以金策故典，效義山體，起句用重筆。滄海桑田；遍指捷克、波蘭、丹麥、挪威、荷、比、盧、法諸國，皆在其內。新垣衍指挪威之奎瑟林Quisling，法國之貝當Petani暨其他妥協分子。其時德國尚未開始攻英，故我於英國未有所詠也。

第二首首二句言荷蘭位於德、英、法三國問，嚴守中立，即是禍胎。雲中繖指跳傘部隊。劫後灰指鹿埠遭空襲。銅仙漢闕，謂荷后離國。逋客句空泛。老臣則指柯林博士。

第三首寫法國，以鉅鹿、昆陽喻德軍長驅攻法之戰事。先父籛孫公謂宜用外國故事及外國地名，卻非易事。秦庭淚謂法總理雷諾向英、美呼籲求援，雷諾要美國對德宣戰，無異申包胥之乞秦師，惟美國未允所請，故云空灑。又沛公伐秦，子嬰素車白馬，降於軹道旁，以借喻蘣比愛尼車中受降之事。

第四首言老希必須得到最後勝利，方能稱霸全歐。然而生民塗炭，痛苦不堪，乃猶以戰勝光榮相誇耀。因料天心厭亂，河清可望，作為四詩結語，然究竟失之空洞渺茫矣。

二先兄通尹和作四首，同體異韻。其第三首亦指法國，有句如下：「居然豪傑起泥塗。震世威名萬骨枯。不待儀秦工詭辯。端因蠡種有深圖。八千子弟能張楚。二十星霜竟沼吳。伐國勢真如破竹。獨憐魚呴想江湖。」此詩前半首聲調甚高，圖字韻一聯，使事而夾議論，且逕用勾踐滅吳雪恥故事，比我詩切實得多。

詠史之詩，最便記憶，亦最易令人領會。此如「三顧頻煩天下計。兩朝開濟老臣心。」杜工部以此聯寫出諸葛亮生平志事。又如：「玉璽不緣歸日角。錦帆應是到天涯。」李義山以之詠隋唐興亡之迹。者如此類，不勝枚舉。又我七世祖檜門公德瑛（乾隆元年狀元），「徐州懷古詩」中，有「漢營氣早成天子。垓下頭終德故人。」之句，亦於十四字中，將楚漢相爭項蹶劉興之史實，充分寫出。此聯我幼時聽吾父朗誦，永永不忘。詠史詩，有如他體一樣，造句要警，使事要切，用意要深，布局要密，必如是，方成詩人而兼史家之詩也。

又我有〈別海牙〉詩一首，句云：「籠轂連翰拂曉行。鋒車欲發不勝情。圓催澤國風輪轉。綠憶江郊稻色明。七載終成秦逐客。丁年尚媿漢蘇卿。艱危最喜高堂健。滬瀆巴山念弟兄。」題曰：「二十九年七月十六日別海牙，寫呈家大人，兼懷敬淵伯兄、通尹仲兄、恂侯從弟。」此詩與感事詩，和者頗眾。鼙鼓聲中，得此解悶，亦一樂也。

（原載《傳記文學》第十一卷第六期及第十二卷第一期）

大戰中住英四載

從日內瓦到倫敦

我於民國二十九年即一九四〇年七月間，奉令從海牙撤館往瑞士，到日內瓦無多日，奉外交部電，令我及荷館兩祕書回部。同時得叔謨（徐次長謨）私電，謂「召回被德人佔領各國使節，是委員長所決定。但除本部另電即時回國外，君尚可在外逗留幾個月。」

一次年一月底，叔謨又電告，倫敦荷蘭政府盼望我往英回任，問我意如何？覆電同意。於是一面等候後令，一面電託駐葡公使李錦綸先辦經過西班牙的簽證。緣戰中欲往英國，必須向葡京英國使館，設法定英國飛機座位，由里斯本飛經愛爾蘭而往，別無他路可通。先是，我已於一月中商請味道（駐瑞士公使胡世澤）為辦西班牙簽證，以便從葡國走海道繞美國回重慶。答言：我國與西班牙無外交關係，故無法辦簽證。至是李公使間接切商後，於四月中得到過境簽證。遂於是月二十三日，偕我妻三孩及我姪咸和，坐火車繞道法、西二國，幾次換車，又幾次宿店，於三十日行抵葡京。

在我離瑞士前，曾得叔謨電囑準備赴英，及抵葡京，則又電囑勿遽啟程前往，蓋以政府既決定撤館，未便再予恢復，嗣經孔庸之先生得間婉向委員長進言，准予復館，乃於五月底正式發電，令我「仍以駐荷公使名義，往荷政府駐在地，繼續執行使務。並兼代駐比大使館職務（即兼駐比代辦）。」

向葡京英館申請機位之人，為數甚眾，該館按照任務性質，分配緩急先後，頗費斟酌，亦需時日。其時郭泰祺已以駐英大使調任外長，遺缺派由顧維鈞接充。顧公先已從維希行抵葡京，等候赴英機位。我到葡京後，日與晤談。是年六月二十二日，德國對蘇聯宣戰，咸認為戰局中之重要演變。顧使先得機位，於七月二日飛往倫敦。越三日；我亦飛往。我初住城內旅館，旋定居北距倫敦十八英里之Moor Park，辦公處亦在其地。（越三年加設辦公處於城內二一Cleveland Square, London，至將離英赴此前兩月，鄉宅退租，復暫移寓城內旅館。）我妻女候至十一月底，始亦得機位來英，我兩子赴美就學，咸和赴美就事，至此，公私事務，布置粗定，總算暫告一個段落。

先父籛孫公（兆蕃）在上海聽到我奉派赴英的消息，以時值德國飛機對倫敦及英國他城市猛烈轟炸，其禍甚慘，遠道傳聞，尤為可怖，覺得大不放心。是年即一九四一年三月初，寄大家兄問源重慶信，言久不作詩，聞連（我的小名）將赴英，頗為憂慮，枕上得一詩云：

日日江干望汝歸，求歸無路此心違，
忽傳使命重修飾，欲藉詩篇慰式微。
橫海正聞誇戰略，出圍胡復蹈危機，
熄燈擁披宵無寐，細聽窗前雨點稀。

情急辭切，我得詩頗覺不安。大哥和詩：

請待天旋人自歸，不愁事與願相違，
百花深處鄰鶯脰，二月芳詩入翠微。
原上脊令方息羽，水邊鷗鷺定忘機，

申江此日猶為客，消息家山到亦稀。

我在日內瓦得詩之日（四月二十一日），夜睡至晨三鐘半而醒，亦於枕上作詩一首，命題「大人賜詩依韻恭和」，句云：

殊方鬱鬱欲東歸，定省晨昏況久違，
已悔稻粱計終左，深慙樽俎力常微。
三山縹緲疑無路，萬事推遷自有機，
八月團欒欣上壽，江邨未覺夢痕稀。

家稟寄渝轉滬，藉以安慰。及我到英，吾父又用大家兄〈歌樂山詩〉韻，寄詩一首云：

野井今聞啶魯稠，越疆涉海路悠悠，
定縱應贊平原畝，鑿空仍從博望遊。

知汝思歸難得路，待天悔禍我何憂，
直憑望眼窮西極，卻恨圜空無盡頭。

稠為魯昭公名，約在西曆紀元前四百七十年，昭公失國，居於齊之乾侯，齊景公往唁於野井，今山東齊河縣有野井亭，以喻荷后流亡英國與我赴英使命。博望句以喻我及顧少老後先飛英也。

前後兼派五館

第二次世界大戰中，歐洲被德軍佔領各國，在倫敦先後設立政府，當然是流亡政府性質，是為荷蘭、比利時、盧森堡、挪威、捷克、波蘭、希臘、南斯拉夫各國，連法國稱為「法國國民委員會」是臨時政府，共計九國。英國對各該國分派使節，我國照他國辦法，派一人兼數館，故我初到英時，兼荷、比二館，嗣先後加兼捷、波、挪三館，共五館，茲為分別敘述於次。

荷蘭

我於一九四一年七月抵英後，即約定同月八日訪晤荷外長克蘭芬斯。我一面請他約期覲見荷后，一面請其將伊所著之《希特勒對荷侵略Juggernaut over Holland》一書，簽名見贈一冊。他說他必然請示女王，定期接見貴使，但女王必且問起，何以貴使一年未回任？不知應如何答覆？其時荷外長的臉色轉紅，一面檢書簽名送我，一面說：貴使遲遲未來，當然並非貴國不承認荷蘭政府。我說並無此意。他接說，他聽說係貴國政府受到德國政府壓迫之故，此說不知確否？並言吾二人相識二十年，極盼閣下推誠相告。我答言：此說絕對不確，我之所以遲遲來英，純係等候西班牙過境簽證，蓋因我國未承認佛朗哥政府，故必須經過相當手續與時日，方能取得護照簽證也。（此點自是實情，然事實上復館一層，在我國不無行政方面的周折，此乃純係內部問題，我認為無須告知荷外長。）

是月二十八日，荷后接見我，荷后說駐荷使節逐漸俱來，引為欣慰。次年一月十三日后接見我妻，荷后態度甚誠懇。

一九四三年，我國與英、美，蘇聯等國，皆將駐荷使節升格。是年四月二十九日，我以新任大使入覲荷后，地點為荷蘭駐英使館。是日午後三鐘，我率同趙惠謨、王庭珊二祕書，坐自己的汽車前往，荷外部交際司長van Wede站在館門候接，侍從武官Rear-Admiral Baron de Vos van Steenwijk亦至，先見荷外長克蘭芬斯，稍坐，報女王到，荷外長先進見，旋駐英荷使Michiels van Verduynen出請余進鄰室，覲見女王致敬意，又代表林主席、蔣委員長致敬意，女王亦答敬如儀。旋招坐談，荷外長及荷使亦均在座，略詢蔣夫人行蹤及中國抗戰情形，片刻，囑介見趙、王二祕書，略談數語，共退出，先後約一刻鐘。

我有詩紀事，句曰：

蒼茫海水挾風飛，微服艱難事已非。
永憶少康能復績，遙憐織女困支機。
威儀只覺朝廷小，播越驚看鬢髮稀。
聞道金輪尚宵旰，傷心禾黍舊王畿。

此詩第三句，指十九世紀初年，荷蘭國王威廉第一，因拿破崙侵荷，失國逃英，旋得復國，以喻荷后志在光復。第四句以荷公主避居加拿大，其夫培納親王留住英國，每年往加聚會一次，故用此故事。金輪以喻所見之人是一女王，並無以此擬彼之意，一時想不出較妥他典，姑借用之耳。大凡做詩，最好儘可能於詩句中寫出所詠何人何事，設法避免註解，命題亦不宜過長。我覲見荷后、挪威國王及捷克總統諸篇，皆以某年月日有感為題。

比利時

比王利沃保第三Leopold III於一九四〇年五月底，向德軍投降，自願以俘虜身分留比國，故倫敦比政府，僅有比總理Hubert Pierlot，外長Spaak及他閣員數人，共同組織維持，規模頗小。我於一九四一年七月二十二日，往見斯巴克，告以奉政府派兼駐比代辦，他頗為感動。談到歐戰，他認為德國與蘇聯開戰，是希特勒一個錯誤。他又問及日本最近舉動，答以此時將進佔安南，此為其阻礙力最小之線，當然日本亦很想攻蘇聯，總須俟蘇聯在德軍手中崩潰之時，而後進兵西伯利亞，但此時不會向那方向發動的。

階平（錢泰）在戰前原任駐比大使，比館既撤，內調外交次長，一九四三年四月間，他又改任駐比大使原職，同時兼任駐挪威大使，我乃交卸駐比代辦。一九四四年夏間，同盟軍克復法國北洲屬地，成立法國臨時政府，我政府調錢君專任駐法使節，而派我兼任比、挪兩館代辦。我於是年八月十四日我夫婦與女兒送錢君夫婦及其女兒坐飛機往Algiers時，我為戲贈一聯：

荷館兼比館，比館併荷館，兼併比荷，忽焉數載；
前任迎後任，後任送前任，送迎前後，即此兩人。

旋以我之建議，政府於是年九月十五日令我分任駐比、捷、挪三國大使，同時仍任駐荷大使，惟波館因政治關係，仍是代辦名義。我自己願於戰事結束後，離荷他調，初頗屬意於捷克，繼對比國發生特別興趣，很老實地密商外交當局，遂於三十四年即一九四五年一月二十六日，先接味道（時任外次）私電言，君調比一節，已得最高當局同意，隨奉部電云意見，已定以執事專任駐比大使，繼任荷缺，已定董霖。」我於是日的日記，很老實地直寫：「遂能擺脫荷蘭，最為快事，調往比京，亦符私願。」三月十九日，國府命令派我專任駐比仍兼駐挪、捷各大使，並兼代波館館務云。

先是，我於一九四四年九月中奉派兼任駐比大使，適值比京克復，比政府已從倫敦遷回，其時比王尚播越在奧國，受德國軍隊監視中，故尤其弟查爾親王Prince Charles攝政。我遵照部電，前往比京，於是年十一月二十四日往見於王宮。其時我尚未收到國書，原定為非正式接見，我可坐自己車去，亦無須偕祕書同往，乃屆時仍派侍從武官長Major Baron de Maere以國王汽車到旅館（我暫住旅館）相迓，有警士摩托腳踏車四輛在前後左右，任保衛之責。攝政王操英語接見，與我立談約十分鐘，多應酬話。時則盟軍正在比國東部與德軍激戰中，德軍常對比京及盎維斯埠等處放彈。是日甫至王宮，適聞警報，迨回旅館，乃聞解警。覲見既畢，該武官送回旅館，款以香檳酒，座談良久，乃去。此次往見比國攝政王，禮節雖短，意頗誠懇，我曾作七古詩一首紀事，句云：

（上略）

我今歷聘五小國，播遷一例傷黍離。

就中疆土已復者，秦名譯作比利時。

降王為虜逾四載，有弟攝政遲兄歸。
餘孽待清瘡痍復，況復戰血腥邊陲。
都城完好戰痕微，賓館冷落人迹稀。
奉使還聽皇華詠，齎書趨蹕白石墀。
無復銅馳臥荊棘，卻看車騎多威儀。
（下略）

捷克

一九四一年九月間，我又奉派兼捷克使館館務，先於是月八日往見捷外長馬閘立克Jan Masaryk（其父Thomas G. Masaryk是捷克開國元勳，該國第一任總統。）同月二十九日，捷總統貝迺煦Eduard Benes亦接見於其官舍，外長及大禮官亦在座，並攝電影，以備光復後回國放映。捷總統看法，歐戰明年（一九四二年）冬宜有轉機。我說打倒日本以後，民治國聲望增高，應付德國亦可較易。他說德國若被打倒，於中國亦有好處。

我於派駐各國人物中，與克蘭芬斯相識最久，次即貝氏，他於日內瓦國聯處理中日爭端，出席參加，主持正義，擁護國際機構，對我國極表同情，多方助我，故吾們私交亦甚好。向例，代辦僅得見外長，元首不予接見，戰中則稍通融。三年後中捷使館升格，我奉派兼駐捷第一任大使，於一九四四年十月十一日又覲見貝總統。我預先在倫敦某大旅館租一間房，偕內子於晨十一鐘到旅館，趙、王二祕書已先至。十一鐘三刻，總統大禮官兼外交部交際司長Skallcky，偕外交部祕書兼總統府侍從Capain Glaser，以汽車二輛來迓，我坐總統汽車右位，大禮官左位，趙、王二祕書與侍從武官坐第二車，同馳往總統府，由大禮官導引，魚貫而入。捷總統立於正中，外長馬氏，立總統右，文官長Smutny及侍從武官長Colonel Spaniel立左邊。我向總統一鞠躬後，讀頌詞，稱當日本對華侵略，貴總統熱心支護國際公道與國際道德，為中國全國人民所感佩。讀畢，面遞國書，時則國書尚未收到，先與捷外部商定以我外交部電示之英文譯件鈔置大信封內，封面蓋有駐英大使館印，並寫「國書」兩大字。我讀國書畢，總統向我握手，讀答詞，謂中捷兩國，雖遠隔兩地，然對於一九三一年以來，為欲消滅個人自由與國際公道而橫行全世界之惡勢力，共同奮鬥，站在一起，因向蔣主席、蔣夫人致敬，並祝中國早日重睹太平。讀畢又向我握手，我乃為介紹二祕書。總統延坐暢談，共約半句鐘，摘錄於次：

> 方坐定時，貝總統說：下層大客廳，近為飛彈所震毀，正在修理，故移至上層小客廳接見。馬外長說：可見貝博士日近上天[12]。貝總統微笑。二君從幼共事，馬氏善詼諧，然此語殊欠莊重耳。

其時捷克之斯洛伐克Slovakia部分，正起兵反抗德軍，故我對貝氏說：此舉正合時機。貝說：倫敦捷政府會同蘇聯主管人員，一年前已與該處部隊取得切實聯繫，縝密布置，軍械物品，由莫、美、蘇三國接濟，蘇方供給尤多。旋討論波蘭問題，貝說：此事蘇、美、英三國若有共同決定，料倫敦波政府不能不接受。對於歐戰局面，貝氏看法，盟軍勝利當不在遠。又對於新國聯安全理事會常任理事國投票權一層，貝氏說：此是難問題，蘇聯受了二十年孤立及排斥的痛苦經驗，故對此事格外注意云。

---

12 英文原文That shows Dr. Benes is getting nearer and nearer to heaven.

談話既畢，大禮官及侍從武官偕我們三人，仍分坐原車回旅館，以香檳酒款待來賓，我妻亦加入，坐談甚久，侍從武官以事先行，留大禮官午飯，至午後三鐘乃去。此次親見，捷方亦照有電影。

同月二十四日，我與內子往拜貝總統夫人，見其樸素誠實，和藹可親，以捷克本國式茶點相款待，別有風味，閒談半句鐘而退。

我向捷總統呈遞國書後，作詩二首：

（一）

金繒定畝割河山，捭闔紛紜大國間，

寧有相如解完璧，更無韓起為辭環。

弭兵曩日聞高論，持節今朝揖近班，

否極泰來應不遠，明年春暖送公還。

（二）

底事頻年戰血腥，得非弱國太伶仃，

連衡今賴天驕子，徂毫應同帝武丁。
浩浩狂流誰作柱，巖巖積石自成銘。
筌蹄共喻忘言意，莫說靈均只獨醒。

第一首起二句，指一九三八年九月慕尼黑（明興）協定。第二首中四句，言捷克憑蘇聯力量復國，可是赤色帝國主義，浩浩狂流，誰為砥柱？乃借張載〈劍閣銘〉以為警告。結言識此意者並不乏人。至蘇聯與捷克戰後關係之演變，當見後段。〔嗣梁龍（雲松）「繼任駐捷克大使。」〕

波蘭

一九四二年二月我又兼管駐波蘭使館館務，以波外長不在倫敦，故於是月十六日往見該部祕書長Morawski。四月九日，覲見波總統Wladyslaw Raczkiewicz。嗣以蘇波爭執，益見尖銳化，各大國均擬遷就蘇聯，轉而承認魯勃林Lublin政權，我國當然不能獨異，若我國此時對倫敦波政府派使，不免刺激蘇聯，故我於波館始終任代辦。我於一九四四年十月二十三日晤及蘇聯駐荷蘭等國大使

Victor z. Lebedev時，他以我駐荷、挪、捷、比四國，兼任大使，獨於波蘭為代辦，頗喜形於色；當然波外部方面，屢次對我表示，願我同時發表為駐波大使也。蘇、波問題亦見後段。

挪威

一九四四年夏間，偕平離倫敦赴北非後，我於挪威館，暫時兼任代辦，嗣亦改升大使。九月二十九月入覲挪王Haakon VII（郝庚第七）。初以國書未到，挪外部交際司長Bentzon提議呈遞空信封，旋以府令發表，乃先以府令英文譯件呈遞，俟國書到後補送。我先於倫敦某大旅館定房一間，是日晨偕內子進城，十一點挪外部祕書Hambro以車來迓，在挪威駐英使館接見，時十一點半，入室握手，挪王延坐閒談，僅他與我二人，不拘禮節。挪王是年七十二歲，望若五六十歲人，精神飽滿，我先已於酬應場中，晤見幾次，某次，他對我說：「挪威與蘇聯邦交甚好，挪威共黨並無勢力，挪威本已實行社會主義，並無推行共產主義的必要，然若必欲推行，我亦不反對，可是挪威人富於憲政精神，倘欲實行共產制度，必須經過憲法程序方可。」是日坐定，我以該英文譯件面遞，挪王笑言：「到底閣下有東西給我的。」其時適值日本軍隊侵黔、桂等省，有直窺陪都模樣，形勢吃緊，挪王詢問最近情形，我為簡單答覆，不及十分鐘禮畢告退。仍由該祕書送回旅館，坐談良久，飲酒一杯而去。

我有詩一首紀事，句曰：

天高氣爽入清秋，更為齊侯問魯閣。
桂嶺頹雲煩遠慮，松巒踏雪憶宸遊。
山河國破堪同歎，的博州雄好共收。
難得王年七十二，依然筋力慣登樓。

滑雪為該國全國性的運動，國王亦去練習，第四句指此。

一九四五年五月歐戰結束，我先派高祕書士銘赴挪京奧斯洛Oslo走一趟，與挪外部取得聯絡，嗣由邵挺充該館代辦。次年六月間，我與我妻亦往挪京一行。是月二十二日我入覲挪王。原來此段經過，不屬本篇範圍，茲仍接連簡敘於此，省得他篇另題重寫。我此往見挪王，純屬聘訪性質。挪王為人直爽，談話誠懇，吾們談到中、挪兩國國情，我說國內情形複雜，消息不佳。挪王說：挪威現內閣富於常識，堪任艱鉅。講到社會情形，則謂挪威人積錢太多，生活奢侈，人民太喜喝酒，又小孩們以前兩星期看一次電影，現則一星期看三次，未免太多了。又說他最怕的是人民失業與通貨膨脹，為社會不安定之主要因素。又說中國地大人多，問題當然百倍繁複，挪威問題，比較的成為小孩子們的遊戲矣。談約十分鐘而退。

我外部旋派雷孝敏為代辦，我以挪政府希望我國派專任大使，曾將此意達到外部，但此後是否另派大使，我現在記不清楚，亦尚未查考。一九五七年間，我在紐約聞挪王去世，為撰五排輓詩十八韻，茲節錄幾句於下：「（上略）開基家同戴，析土兩無爭。（中略）擾攘追亡鹿，倉皇附駭鯨。五年經播越，一柱尚峥嶸。唐主迎奴願，秦甥送舅情。收京憑與國，復辟慰蚩氓。昔我兼三節，曾來拜九閎，如聞申酒誥，所念在蒼住。（下略）」一九〇五年，瑞典、挪威分為二國，挪王原是丹麥親王，經挪威國會推選為挪威國王。一九四〇年德人占領挪威，挪王移駐英倫，五年歸國復位。唐主秦甥二句，則以唐昭宗乾寧三年（西曆八百九十六年），李茂貞犯闕，帝次華州，填〈菩薩蠻〉

詞，有「何處是英雄，迎奴歸故宮」之句，故曰「唐主迎奴願」。又挪王是英王愛德華第七之婿，喬治第六之姑丈，而秦康公是晉文公之甥，文公歸國，康公送至渭陽，故曰「秦甥送舅情」。昔我四句，指我入覲挪王事也。

這裡我尚欲加敘小小一樁趣事：約在一九四一年十月、十一月間，郭泰祺外長，主張減少荷館經費，次長錢泰說：該館經費本少，兼館兼差，均不另添經費，且金使為全館館員眷屬子女特保戰險保險費，亦不另請撥款，何況上年撤館後，公費薪津，先後停發，金某私墊，亦非少數，故似可不必減費。然郭仍主減，尚未實行，而郭免職，因得免減。此事經過，階平來英見告，我始得知。

我於辦理館務外，偶有臨時性的兼差。如勞工會議一九四二年四月間倫敦開會，以我國常任理事李平衡住在紐約未能來英，故由我代為出席。又戰罪問題委員會，政府本派顧維鈞為代表，一九四四年八月間，顧氏往美出席Dumbarton Oaks會議，亦由我暫代出席該委員會。又太平洋戰事發生後，在華盛頓、倫敦二處，設立太平洋軍事會議Pacific War Council，華京由羅斯福主持，倫敦由邱吉爾主持，其宗旨在檢討對日戰略，調整美國與同盟國間之主張與政策，以利戰事之進展。倫敦方面，一九四二年二月十日開第一次會，邱氏主席，荷蘭、澳洲、紐西蘭、印度、緬甸，均有代表出席，而無中國。同月二十四日開會，我國亦被邀參加，政府派由顧使出席。是年十月間，顧使回途述職，故是月二十一日第十三次唐寧街十號之會，亦由我代為出席。

一九四二年十月二十一日倫敦太平洋會議

其時東西戰局，德、日二國，正當得勢，最後局面，如何發展，尚在不可知之數。日本在南洋方面以及西部太平洋各處，橫行無阻。所幸中途島Midway Island之役，美國海軍告捷，局勢稍見轉機。但在我國方面，自緬甸被敵軍佔領以來，我國對外運輸線斷，情形危急。印度洋前途，亦甚茫茫。西歐則早成了希特勒的天下，一九四一年六月，德、蘇戰事起後，德軍一度進逼莫斯科，異常危險，俄軍拼死抵抗，繼之以反攻，旋值嚴冬，德軍退回原線，次年雙方相持，互有勝敗，正在史達林格拉特Stalingrad作殊死戰中。北非洲一帶，英、德、義三國軍隊，初亦互有勝敗，旋英軍在El Alamein得勝前驅，局勢漸定。同時文森豪將軍Dwight D. Eisenhower正率領大批軍艦軍隊，準備在北非登陸中。第十三次太平洋軍事會議開會時，各區海陸陣線情形，大致如是。

此次開會，先一日午後，我得駐英大使館轉到英外部通知後，乃先約唐保黃、周應聰二武官一談，我先寫出幾條，嗣更當面詢問，粗知大概，但並無國內最近戰報。我遂於是日晚六點鐘準時一人前往參加，除尚有一二人未到外，餘人均已就座（共二十人）。主席邱吉爾口啣雪茄煙，見余至，起為我介紹與南非洲首相施墨褚上將Jan Christian Smuts，施與我握手時，言中國是偉大之邦，我乃舉手致敬，他亦還敬。我與諸人一一握手畢，乃就坐。此次之會，主要的是歡迎施氏。施祖籍荷蘭，生於南非洲，意志堅強，當代一政治家。十九世紀末年，英國與南非作戰，施領兵抗英，稱為名將，戰後他努力調和英國與該國關係，建設南非聯邦。巴黎和會開會，他參加起草舊《國聯憲章》。至是，他熱心支護英國抗德，參預機密，為邱氏好友，而為此次會議特約出席之上賓。

邱吉爾首先發言，向施氏致敬，次根據荷政府所送說帖，言荷屬東印度尚有幾處，現仍繼續抗日，旋將太平洋西南部及印度洋戰局，摘要報告，特強調於非洲東岸法屬馬達加斯加島Madaggcar之被英軍佔領（一九四二年五月四日），謂可免被日本佔領，亦藉以加強印度防務。講到中國與緬甸時，說他時常關懷中國，謂緬甸必須奪回，滇緬路必須恢復交通，至反攻緬甸如何準備一層，僅微露史迪威Stilwell正在印度密洽中。而蔣委員長空運派兵二三萬人到印之提案，則謂亦必予實現云云。邱結論，仍表示須先戰勝德國。

施氏言：好望角現為印度洋及西南太平洋之鎖鑰。並謂日本只要一次遭受大打擊，即將一敗塗地，預料德國戰敗後，過一二年即可解決日本，此時正不必與之苦爭尺寸之地。

邱氏每見有新手到會，必設法令其儘量發言，藉以取得對人的認識。故我是日先後發言三次，起初答其所詢，說顧博士已安抵重慶，並以英方一路照料，為致謝意。嗣說幾句歡迎施將軍的話，同時提及當年起草《國聯憲章》，顧使與他有同事之雅。

我說畢，邱氏接問：「金君尚有他項欲說否？」

我因將我國最近抗戰消息，作一簡單報告。我說：我國戰區，若與他處比較，似乎沉寂些。對於滇緬邊區，我國部隊在該處一帶，近來相當活動。盟軍飛機亦時往敵軍佔領地點轟炸。他日配合起來，可能是收回緬甸之先聲。若說中國本部，各省均有游擊隊活動，華北尤然，據日方新聞社最近報導，日本在佔領區的交通線，被游擊隊攻擊五百八十二次。至在浙江、江西兩省相持之戰爭，則為近來主要戰事。緣自本年四月十八日（Lt. Col.）James Doolittle的飛機轟炸東京及他城後，日本駭懼之餘，對於我國備有機場之城市、皆欲奪取，以冀消除威脅，因此在各該省又發生戰事，日軍初頗得手，南昌敵軍，亦向東南開發，幾乎與浙省敵軍，聯在一起。我軍奮戰結果，至八月二十日左右，失守各城，連溫州、衢縣在內，皆已奪回，惟金華（浙江臨時省城）（其時有英國參謀長某君查閱地圖，忘其名姓。）則尚在敵人手中，希望盟國相助，亦得奪回。（當然我明知盟國無法相助，姑作此語，以觀邱吉爾之反應如何。）

邱說吾們當盡力相助，我稱謝。邱接問日人在中國佔領區統治範圍若何？答以最近調查，我國一千五百縣，歸我國實力統治者，百分之六十一，其歸日本統治者，只百分之十而已。邱問其餘是否有疑問？答稱是。邱又說日本實力所及，在險要地點及鐵路線，此外只是名義上的統治而已。

邱氏向印度代表Mudaliar說：「君也是第一次參加此會，請說幾句話。」印度代表說：印度雖內部困難重重，而參戰準備，有增無減。中國艱苦備嘗，印度最表同情。（我向他稱謝。）他又說：將來對日反攻，中國地位異常重要。其餘諸人，皆應主席之請，次第表示歡迎施將軍。說畢之後，邱氏說在遠東及太平洋方面，他總是盼望美國居領導地位。澳大利亞代表Bruce說：施墨褚將軍所說不必與日本爭地，他不能贊成。若必待德國戰敗，而後解決日本，則於澳大利亞與中國、荷蘭不利。於是施氏答稱各戰區均應作反攻準備。邱氏亦說吾們均當盡職而散，時正七鐘。

太平洋會議，極端祕密，開會時例不記錄。我於會後補記，現在據以寫此一段，以我出席該會，只此一次，未免言之過長，殊覺歉然。

日美談判吃緊關頭　日本襲擊珍珠港

一九四〇年及一九四一年間，日本利用歐戰機會，以華南為根據地，向南洋節節南進，然尚思避免與美國一戰，故其首相近衛派前任外相野村大使Adm, Kichisaburo Nomura，（隨後又加派來栖Saburo Kumsu幫同談判。來栖會任駐隱大使，一九四〇年九月二十七日，簽德、日、義三國盟約。）與美國務卿赫爾舉行談判，自一九四一年四月間起，以至於珍珠港之變，歷時八個月，凡四五十次。日本當然希圖不戰而完成其獨霸東亞的大計畫。美國方面，亦未始不欲藉壇坫周旋，以爭取充實國防與造成輿論之時間，故先提出各項原則，作為談判基礎。正談判間，日本軍隊於是年七月下旬，佔領法屬安南全部，因而我國暨英、美、荷在南洋諸地域，俱益感受嚴重威脅。美政府於是採取較為強硬態度，開始對日增加經濟壓迫，嚴格限制對日貿易，並凍結在美國的日本資產。英、荷相繼仿辦。荷印亦停止對日售油，此則我歷年來對荷之主要交涉，以前毫無結果，今始幸得實現。

此際我要補充幾句：我到英回任後第一次訪晤荷外長時（一九四一年七月八日），重提荷印對日輸油問題，說日本正在南洋集中戰艦，野心勃勃，假使一旦滿裝美國供給的油，派艦來攻菲律賓，豈非悲慘得很！荷外長聞言，默默無語，旋說荷印所輸的油，是生油而非飛機用油。越三星期，以遠東時局益見惡化，荷國隨美國政策之轉硬，亦開始禁油輸日。我又往見荷外長（同月二十九日），得其詳告新辦法內容，則以日政府先實行限制出口貨，影響荷印經濟，故荷印亦須採取限制辦法，我乃說：「然則其理由是經濟而非政治的。」克君答言：「他們要這樣說呢！」猶憶三年前，我在海牙與其前任外長巴丹交涉禁售石油事，巴丹亦一度擬以日本不履行日荷商約規定為理由而未果，今仍已經濟上理由為出發點，可見此乃該國一貫的作風也。（見《從巴黎和會到國聯》一書）

自試行對日經濟制裁後，日本頗受不利影響，頓生恐慌，但仍與美國繼續談判。原來美國本要求公同承認為中立區域，將該處日軍撤退，日人不允。然日本一面祕密準備作戰，一面向美（八月六日）提議日本可擔保不向東南亞進展，為美國須拉攏我國與日本直接談判，俟「支那事件」解決後（此即消滅自由中國之意），日軍從安南撤退，但美國須先恢復對日貿易，並幫助日本獲得各種需要原料。這種要求，美國不能接受。日本乃提議日首相近衛與羅斯福從早擇定地點會談。美國對此議雖未拒絕，然以議定雙方可接受的談判基礎為先決條件。

正僵持間，日方作先訂臨時辦法modus vivendi之提議，是為是年十一月二十日。是日，日本說：可先從安南南部撤兵，俟中國太平洋等問題解決後全撤，但以美國及英、荷等國先取消經濟限制為條件，此為日本最後書面表示。我於是月二十六日（星期三）往訪荷外長克蘭芬斯，探聽消息，所得要點，節錄於次：

克：赫爾曾於星期六（十一月二十二日）及星期一（二十四日），兩次約見荷蘭公使Alexander Loudon及中國大使（胡適），告知日美談判情形，想倫敦中國大使館，必已得到消息矣。

金：我頃從我鄉居直接來荷外部，今日尚未晤見顧博士。因問最近消息若何？

克：赫爾對英、荷、中、澳四使說：美國擬向日使提對案，要求日軍撤退安南南部，仍准北部留日軍二萬五千人，美國軍界估計，此二萬五千人之數，不致對緬甸發生威脅。但要日本保證不向西南與東北兩方向擴展侵略。

金：東北是否指雲南？

克：東北指西伯利亞，西南指暹羅及荷屬東印度。

金：對於日本所稱「支那事件」，有無提議？

克：並未提及中國。（作者註：該案美國對中日直接談判一層，表示不反對。）

金：我國向來信任美國，料美國不致背棄中國。因問日本是否擔任退出三國軸心同盟？

克：此點亦未提及。又云，美國擔任將對日經濟上之壓迫，局部放鬆，可是所列日美進出口貨品，為數甚多，石油亦在其列，此雖限於民間需要，「可是誰去調查呢！」又云，此項辦法，以三個月為期，此後須根據法律、秩序、公道，及以和平手段解決國際紛爭諸原則，另商永久辦法，然日本解釋各該原則，與別國不同，實不得視為有效的保障。又云，我今晨電荷使，囑其請赫爾於應付日使時，須至少給以一種印象，讓其明瞭民治各國是團結一致的。我盼望駐美中國大使，同樣進行。

金：當照電重慶我政府。

克：赫爾對付日使，過於天真。日使所說日在國內輿論憤激爆發可虞等話，美國所得印象甚深。

金：日美間，是否不久即可成立協定？

克：此尚難說。總之，就美國輿論言，日本的威脅存在，即可激起對歐的注意，一旦日美協定成立，必致對歐情緒，隨以冷淡，此則最為不幸，可能美國尚未準備作戰耳。

金：今日承君告知許多消息，甚感。我若有所聞，亦當相告，以便彼此更加切實合作。荷外長亦稱謝。

我從荷外部出來，即去報告顧大使。他說赫爾太老了，（時年七十歲，）歎其對日談判不能勝任。我說所得各項消息，不妨由他（顧使）與我聯名電告外交部，他說不必，乃仍由我一人電部。及今回憶，覺得外交部對駐外主要各使館，以及各有關係使館間，極宜多通消息，增加聯繫。當時我聽了克君所說我國駐典使館必已得到消息的話，覺得頗窘。事實上顧氏迭次電詢胡氏，往往覆電不得要領。則請更舉此次我與荷外長的會晤以為例，當晤談時，荷外長種種說法，似並不贊成美國所擬的對案，後來我知道駐美荷使已遵照其政府訓令，向赫爾表示荷政府願意支持美案，假令這個消息，我先從駐美使館得到，我於會晤荷外長時，可能要加幾句問話也。

我政府對於安南北部仍駐日軍，及放鬆對日經濟限制各端，皆竭力反對，而於擱置我國問題，當然尤滋疑慮，儘量作反對宣傳。時宋子文氏因公在美，亦逕往晤見當局，並多方拉攏國會議員暨新聞界，稱此項辦法，不啻是「遠東的慕尼黑」，與美國、中國及其他民治國前途皆有損害。同時邱吉爾亦言臨時辦法，如果實行，可能消滅中國抗日力量，增加英、美兩國危險，故亦表示異議。美國遂決定取消該項臨時辦法案。赫爾於同月二十六日，接見日本兩大使時，僅提出十條具體案，根本不提起臨時辦法。其時美國對於日本機要密電，業已查破電碼，能於中途截譯，故早知日本內部決定作戰，並且限期談判結束，初定是月二十五日，嗣展至二十九日為止。此外更以氣候報告，指示發動方向。該十條具體案，雖寫明是試擬的並且雙方均不受拘束的，而確班攤牌性質，原與臨時辦法對案同時擬定，初意以之作為具體案的緒言，然並未以具體案同時告知四國使節，致惹起許多反感。至是，赫爾以具體案十條，面交野村、來栖兩使，關於我國的主要兩點，為（一）日本政府撤退其所有駐在中國與安南之陸海空軍及警察，又（二）除暫時建都重慶之中華民國國民政府外，其他在中國之任何政府或政權，美政府及日政府，均不予以軍事上政治上經濟上之支持。該兩點，可稱為抓住問題之要點，確是一種根本解決辦法，直至日本戰敗，始得實現。此際所應強調者：該十條具體案的原起草人，為美財部職員Harry D. White，此人熱心支護共產主義，是年十一月初到中旬他所擬說帖，如一方面要求日本從中國及安南全部撤兵，而他方面主張美國以巨款貸與日本，剛柔相濟，威惠兼施，假使日本接受，則可希冀保全太平洋和平，美國得以全力助英對德作戰，反之，假使日本拒絕而對美開釁，則可以牽制日人，使無暇北攻西伯利亞，兼以造成美國參加歐戰機會。揣其用意，純為蘇聯利益著想的。至於美國趁對日作戰而從「後門」參加歐戰之說，似非完全準確。蓋當時德國方面，頗有人謂軸心同型國之一國，若使自己對美啟釁，則他二國並無一致宣戰義務。固然老希後來臨時決定對美宣戰，然當美國向日本提出十條案時，卻尚無此項決定。故有人說美國忽而採取對日最強硬態度，放棄臨時辦法，專提具體案，而以明知日本必然拒絕之條款提出，大半由於我國竭力宣傳，及英國從旁推動所激成，此說似不無見地。

襲擊珍珠港之計畫，是日本太平洋艦隊總司令山本上將Admiral Isoroku Yamamoto（一九四三年，他所乘飛機擊沉南太平洋斃命）的主意。山本對於其本國之對美政策，頗多異議，且原屬日本軍人反戰派之一，然並非反對本國稱霸東亞，亦知難免出於一戰，故主張須先消滅珍珠港美艦，然後無後顧之憂。計畫既定，遂於十一月二十二日左右，在千島偏僻海港，集中艦隊，計有航空母艦六隻，連同戰鬥艦巡洋艦等。共三十三隻，定於十二月七日（星期日）轟擊珍珠港。當是月二十六日赫爾在美京接見野村、來栖之日，正該艦隊由南雲司令Nagumo率領祕密出發東駛之時，一路無人發覺，在北緯陰沉沉風濤煙霧裏，開到北距珍珠港約二百七十五英里地點停住。其日美國海軍部情報處報告，尚說該航空母艦等船隻，皆在日本本國領海內。既而大隊轟炸機，由戰鬥機護送之下，望南啟飛，共約三百六十架，亦如入無人之境。遂於是日晨七鐘五十五分（十二月七日夏威夷鐘點即華盛頓下午一點二十五分），開始投彈，約有兩個鐘頭。當時停泊在港美國主力艦八隻，擊沉四隻，損壞又四隻，連同其他船隻，共炸沉或重大損壞十八隻。又炸毀美機一百八十八架，死傷美人三千六百餘人。十鐘時，敵機飛退。日人此舉目標，專在消滅美艦美機，故珍珠港本身，未曾炸毀，而美國航空母艦，適已離港他去，故亦免同遭此禍，猶以為不幸中之大幸。

事後美政府追究責任，先將兩位主管軍官Admiral Husband E. Kimmel and Lt. Gen Walter C. Short免職，旋即進行調查，初認為該二人應負「溺職」責任。嗣由國會兩院合組委員會，自一九四五年十一月間起，經半年餘公開調查，於次年七月間發表報告，分訂二十九冊，認為該兩位軍官雖經政府主管機關，迭次警告，並未布置必要防備，可見「判斷錯誤」，自應負責。同時以陸海二部主管機關，未能將截譯日方密電，詳細分析，立刻通知太平洋區域司令長官，亦應負責。又該報告固然稱總統國務卿及陸海二部長「辦事卓越，有才能，有先見」"with distinction, ability and foresight"，但亦間接表示，羅斯福以總司令資格，史汀生Hemy L. Stimson與諾克思Frank Knox以陸海軍部長資格，亦皆有其應負之責任也。事實上，日政府電令日使，須於是日（七日）下午一鐘以最後通牒送給美國務卿，當然不說何處開釁，但已明瞭此是開釁鐘點，美政府先截得此電後，又急電各地司令長官，可惜夏威夷接電已在日人轟擊後矣。

原來是年（一九四一年）一月間，美國駐日大使格羅Joseph C. Grew，以駐日本的祕魯公使相告，說他聽到各處（包括日本方面）消息，謂日本軍界計畫，一旦英日間發生困難時，要突然猛攻珍珠港，故發電報告國務院。赫爾得電，當即鈔轉陸海二部。

嗣後雙方談判吃緊，並探知大批日艦從安南向暹羅海灣開駛，而太平洋他處，亦有日艦發動。故羅斯福於十一月二十六日，電告菲律賓美國行政長官，稱日方顯見準備擴大侵略，至其進攻何處與軍力多少，此時尚難明瞭。進攻地點，可能是緬甸公路，也可能是暹羅，或馬來半島，或荷印或菲律賓等處，而暹羅最為可能。並言日本擴大侵略時，美日二國間，可能發生武力衝突云。蓋其時一般推測，日軍可能在Kra Isthmus克拉地峽（暹羅與馬來半島間）登岸，一般人皆注意南洋方面。固然日本確向香港、馬來亞、菲律賓、及太平洋美屬數島，同時發動，但日人之襲擊珍珠港，則完全出於意料之外。事後（十二月十一日），荷外長對我說：他最近到過夏威夷兩次，覺得彼處美國海陸軍官，對於自己兵力，未免過於自信，且當時局極端緊張時候，荷印方面，早已派飛機隨時升空巡邏，乃夏威夷海面，竟併此勿辦，實所不解。至日人之襲擊珍珠港，嚴守祕密，不但為全世界所驚詫，即野村、來栖二人，亦於十二月七日從美國務院面遞談判決裂之照會回館後，始得知此駭人聽聞之消息云。

我所住鄉間Moor Park，本國友人住在彼處者五六家，每逢週末，往還頗密。

是日（十二月七日）為星期日，我偕我妻女赴趙惠謨、何思可二君夫婦之約，在其寓吃晚飯，飯畢，聞顧大使亦來鄉，在李德橋夫婦寓晚飯，因即偕往。顧使略有不適，登樓稍稍休息，旋下樓與吾們閒談。夜半，郭秉文先回其城寓，傳來電話，謂無線電報告，日本已對美國開釁，檀香山、菲律賓等處，均被轟炸甚烈。吾們將信將疑，顧使對李夫人說：「郭博士得無開玩笑否？」又邱吉爾於是晚亦從無線電中，聽到這個消息後，他於其大著中，自言他本人當時「並沒有得到直接印象」。旋其美友Averell Hariman（是晚適在邱宅）又提及該消息，而邱君男僕，適從外邊進來，說他亦聽到了，「是確的」，邱乃與羅斯福通電話證實。可見這個消息，萬分離奇，即邱吉爾、顧維鈞等，當時亦不遽信為真也。

民治國家對外作戰，須以本國輿論為後盾。美國憲法，規定宣戰權屬於國會，總統尤感束縛。其時羅斯福鑒於德日諸國之橫暴，為全世界除害計，亦為美國自身長期利益計，早料遲早難免出於一戰。然是時（一九四一年）美國國會內，孤立派勢力仍甚盛，適兵役法是年到期，政府提請延長，經長時期辯論後，在家議院僅以一票多數通過（二百零三票對二百零二票），時為是年八月，距日軍佔領安南，約後三星期。即此一例，可見總統應付國會之困難，有非一般人所能想像者。

是以必須在某種局勢之下，讓理想中的敵人，有先發制人的作戰行為，然後名正言順，出而應戰，得國會輿論的一致擁護，始無問題。初時英、荷等國，深恐日本對各該國南洋屬地尋釁，仍避免與美國發生衝突，則仍難望美國國會宣戰。忽有珍珠港之變，邱吉爾很天真地對羅斯福說：「如此，一切都簡單化了！」克蘭芬斯亦對我說：「珍珠港是一個好消息。」吾國朝野，聞訊興奮，認為美國參戰，不啻派遣百萬雄師來華相助。次日即八日顧使報紙發表宣言，稱「日本對英美宣戰，是自取滅亡之禍。」吾觀一國窮兵黷武，橫行過度，往往自趨死路，一子失算，全盤錯誤，前車覆轍，而後人並不覺悟，遠之如拿破崙之進攻莫斯科，近之如希特勒之突攻蘇聯，日本之襲擊珍珠港，皆是顯著的例子。於是日本、德、義三國與美國間，先後相互宣戰，英、荷亦對日宣戰，十二月九日，我國對日、德、義三國宣戰。

猶記得一九四〇年五月間，法國局勢岌岌可危之際，法總理雷諾Paul Reynaud籲請美國對德宣戰，美國不允。次年羅斯福與邱吉爾大西洋軍艦會談，邱氏亦請宣戰，羅答言：「我若向國會提出宣戰案，可能國會要辯論三個月。」又說「我可能永不宣戰，但我可能做成戰事。」[13]此言值得反覆玩味也。

戰中我國國際地位提高

自蘆溝橋事變爆發以來，我國在今總統蔣公堅毅領導之下，全國人民，一致抗日，雖迭經敵人威脅利誘，而我國堅定不撓，備嘗艱苦，百折不回，故早已博得國際間欽佩。迨珍珠港之變，日本以晴天霹靂戰略，一舉而對美國太平洋地位，予以空前打擊，同時橫行侵略，數閱月間，香港、新加坡、荷屬東印度、美屬菲律賓等地，次第為日人所佔領，破竹之勢，所向無敵，當年我詩「南溟屢報降旛起，雄劍中宵意不平」之句，蓋以紀實而致慨。於是歐美各國，鑒於己國軍隊敗降之急速，益歎中華民族敵愾之艱貞，對於我領袖，尤深崇拜我國國際地位，頓見增高。就我個人言，在此六七年間，是我服務外交界

13 此二句英文原文 I may never declare war; I may make war.

精神上最痛快時代，輒就當時見聞所及，略記數則於後。

珍珠港事變之次日，即一九四一年十二月八日，邱吉爾致電蔣委員長，稱英、美二國，一向是中國之友邦，現在吾們正面臨一個共同敵人。越四日，以新加坡英國大軍艦二隻，被日機擊沉，邱氏出席國會報告，說英、美、俄國、中國，皆為生存而奮鬥，稱四國為「實行作戰的四大民族。」以後邱氏每次廣播演講，提起盟國領袖，必將羅斯福、史達林、蔣介石三大名，同時並稱。英語「委員長」，是generalissimo（即總司令），此字較長，邱氏說時，往往稍有停頓，而出以重音，以示鄭重不苟。後來美國普遍用Gisimo稱呼，則與羅總統之稱為FDR，與史達林之稱為Uncle Joe，俱以表示愛戴之意。其時邱氏深恐美國以全力應付日本，而認歐洲戰局為次要，故亟往美與羅斯福商定戰略軍火歐佔優先之基本政策。是年十二月二十六日，邱氏被邀請出席美國國會兩院聯席會議，作一有力量的演講，提起中國，聽眾大為歡呼。邱氏被回窗後，謂此行所得印象，一言以蔽之，曰「中國」。然他卻倚老賣老地說：「羅斯福認中國作戰力量，如同英、俄二國一樣，未免估量太高了！」（見Churchill, The Hinge of Fate, pp.133-4）

我國與荷蘭成為同盟國後，無多日，荷外長請我到荷外部，謂奉女王命，向林主席致敬，祝頌中國勝利。我發電轉呈後，奉林主席覆電，向荷后致謝，並祝公同勝利，我亦遵轉荷外部。

一九四一年八月間，羅斯福邱吉爾大西洋軍艦會談，邱氏運用其政治外交手腕，使名義上尚是中立之美國，竟與交戰國一方，簽訂聯合宣言，規定戰後為世界利益打算，應採取之政治上經濟上共同國策，計列舉原則八條，其第六條稱「俟納粹虐政最後消滅之後，他們（指羅邱二人）希望建設和平，使世界各國，在其領域內，皆得安全立國，並保證各地人民，皆得享受自由生活，既無恐懼，亦無匱乏。」美國以歐戰中立國，而欲消滅德之納粹虐政，是雖無宣戰之名，實際上已踏進參戰階段。迨美國正式參載之後，遂於次年一月一日，在華盛頓成立聯合國聯合宣言，除重申該項大西洋代言外，復規定兩條：（一）各交戰國定軍事上經濟上充分動員，對敵作戰；又（二）簽約國間約定相互合作，並約定不與敵人單獨停戰媾和。其時宋子文新任外長，尚在美京，乃於是日與羅斯福邱吉爾李脫維諾夫（蘇聯駐美大使）同時簽字。餘二十二國代表，（並無法國在內，）則於次日在美國務院次第補簽，是為美、英、蘇、中四國宣言，我國在四大國之地位，於以奠定。

歐洲被佔九國，即比利時，自由法國、希臘、盧森堡、荷蘭、挪威、捷克、波蘭、南斯拉夫九國，以德國及其與國，在各該國佔領區內，殘害平民，橫行無道，公同擬有宣言，斥責此種行為，俟戰後查明負責人員依法懲處，於一九四二年一月十三日在倫敦聖詹姆斯宮St. James Palace開會，舉行簽字儀式。我及英外長艾頓，美國駐佔領國大使Drexel Biddle，又蘇聯大使Bogomolov，均應邀列席，同坐一排，九國代表，坐在對面，此外加拿大、澳洲、紐西蘭、南非、印度，亦各派員旁聽。是日上午十一鐘三刻開會，先由英外長致歡迎辭，由波蘭總理General Sikorski主席，九國代表，連同法國之戴高樂Charles de Gaulle在內，相繼發言，說畢，次第簽字，一個鐘頭散會。同日，我函送該會議我國宣言[14]，大致贊成之原則，聲明我政府立場，認為對於日本在我國淪陷區內之暴行，特別指出對於平民之大屠殺，文化教育機構之故意毀壞，以及用麻醉毒品敗壞民族道德等項，謂日方犯有此種行為的負責人員，他日亦應依法懲處

---

14 英文原文見*Keesing's Contemporary Archives*（1940-1943）, p.4979.

云云。該兩宣言同日發表，為戰中討論戰罪問題暨戰後懲辦戰罪犯之濫觴。是日，戴高樂將軍與諸小國代表，坐在一排，散會後與我匆匆握手寒暄幾句，初不料其今日倚老賣老，忽視兩次歐戰美國參戰與戰後接濟勞績，亦不顧世界大局前途，而專與美、英二國，遇事搗亂，至於此極也。

一九四三年一月十一日，我國與英、美二國，分別簽訂同樣內容的新約，英約在重慶簽字，美約在華盛頓簽字。兩約取消各該國在華治外法權及其他一切特權，取消《辛丑和約》，歸還各埠租界，此後締約國間一切有關事項，概須依據國際公法與慣例，並以平等相互為基礎，予以處理。至此而我國一百年來所受條約上之束縛，概得解除。中山先生廢除不平等條約之抱負，獲償厥願，而我政府當局，自巴黎和會以來所為之種種努力，亦慶告成。自時厥後，我國成了一個享有充分主權的國家。其他各國，亦次第與我國訂立相同條約。我所經手的《中荷新約》，其談判經過情形，當於後篇摘敘之。

一九四三年十月三十日，美、英、蘇三外長（美赫爾，英艾頓，蘇莫洛托夫Molotov）與我國駐蘇聯大使傅秉常，在莫斯科共同簽訂宣言，準備散後設立國際機構，以維護世界和平與安全，我國在聯合國安全理事會常任理事國之地位，於以確定。然此事頗經過些困難，緣羅斯福與赫爾的看法，中國雖然軍事力量，較遜於三國，但人口眾多，實為各國之冠，將來全國統一，其潛伏的力量，必有可觀，日本戰敗之後，中國必為亞洲的主要國，故主張須列中國為常任理事國。然英、蘇二國於此，均各表示懷疑。英人守舊，對於我國，每有一種牢不可破的成見，即號稱腦筋較新之艾頓，亦復難免，緣他於是年三月間到美拜訪羅斯福，談起中國地位問題，艾說：中國是否內部安定，能擔任重要國際任務，尚屬疑問。並說「恐中國於戰事結束後要發生一次革命呢！」[15]迨是年莫斯科三外長會議，赫爾提出《四國宣言草案》，莫洛托夫以中國對於歐洲問題，並無利害關係，謂為不應列入，經赫爾多方解說後，彼始勉強同意。最後又以中國大使未必能及時接到重慶訓令授權簽字為辭，仍欲設法將我國臨時擯斥，所幸我政府趕發電令，傅大使準時參預簽字，蘇外長之狡計，始不得逞[16]。艾頓以重視美國意旨，亦不再持異議。此事經過，大致如是。

一九四三年十一月間，羅斯福、蔣介石、邱吉爾三巨頭開羅會議，於是

---

15 *Alan Campbell-Johnson's Eden: The Making of a Statesman*, P. 203; *Eden: The Reckoning*, P. 437.

16 *Hull's Memoirs Vol.II* PP.1256-7, 1281-2, 1299, 1301-2, 1306-7.

月二十五日閉幕，議定宣言，聲明三大盟國進行對日戰爭，必達到日本無條件投降而後已。其關於我國作戰目標，則聲明所有日本竊奪之中國一切土地，如滿洲、臺灣、澎湖，均應由中華民國恢復之。又日本因貪慾或武力所佔取之土地，亦應予剔除各等語。此舉在我國，解決數十年來之中日爭執，收復失地，洗滌國恥，重振國威，是我國歷史上最光榮的一頁。一星期後，我及我國駐英大使館同人聞訊，異常興奮，適我在鄉寓，約荷政府中人午飯，某荷友說起在三國會議進行中，並無何國與荷方接洽，直至報紙發表前一日，英外部始派人通知，並詢荷方看法如何，當然答以贊成云。然開羅有一件最不愉快，即南北緬水陸夾攻計畫一案，此案業經定議，散會後，羅、邱二人，緊接同赴德黑蘭會議，羅氏聽了邱氏之言，竟致翻異取消。梁和鈞所謂「緬甸作戰計畫，中英美三國戰略，最見紛歧，一面構成英、美對我之背約，一面釀出羅、蔣衝突之開端。」甚為可惜。此事經過詳情，可參閱梁君所撰《開羅會議與中國》第七十至八十一頁（一九六二年臺北亞洲出版社發行）。至《邱吉爾回憶錄》內，關於該案，他有他的說法（Churchill, Closing the Ring, P.328）。又邱氏在開羅晤見蔣委員長及蔣夫人，所得印象甚深，在羅總統別墅院中三巨頭及蔣夫人所拍照片，邱氏始終珍藏。

我於民國三十四年即一九四五年八月一日到比京，就任之初，便遇有一樁最愉快的職務。緣比京自由大學L'Universite Libre de Bruxelles以諸同盟國集中力量，共同抗敵，得以恢復比國之自由，為表示感激起見，於上年十一月三十日，由校長佛蘭立矩Chares Frerichs及教務長柯克思J. F. Cox，召集校務會議，議決為四大國領袖，即羅斯福、邱吉爾、史達林、蔣介石四人，特設榮譽博士學位。其贈送蔣主席之證詞，從法文譯錄於左：

蔣主席聰明睿智，事母純孝，革新中華，溝通歐化，在敵寇重重壓迫之下，以大無畏精神，多年奮鬥，遂能聯合盟邦，為全世界爭取自由，為此，特以榮譽博士學位奉贈。

同年九月十一日，我邀請該校校長教務長等，在本館大使辦公室，接受學位，相互致詞，攝影紀念。適值我奉令回國述職，十月九日，蔣主席召見於重慶曾家岩官邸，我首先面呈該項證詞肩章銅章以及所拍照片。並報告該大學抗敵經過，我說：在德軍佔領比京期間，德人強迫該校長任用親德派比人為教職員，校長拒絕，因遭拘禁幾個月，同時教職員之被拘禁者，亦有若干人，該大學因此停辦，至去年比國解放時，乃始復校，主席聽此報告，頗為動容。

以上列舉數事，只見幾斑，未窺全豹，以後遇有其他類似情形，當隨同他項課題，必要時附帶說明，此際不先特敘。

對荷政府幾件交涉事項

民國三十一年即一九四二年三、四兩月間，服務荷蘭船華籍海員遭死傷案，發生三起，敘述如次：

亞歷山大案

是年三月七日，荷蘭裝油船渥浮拉號Ovula停泊埃及之亞歷山大埠Alexandria。華籍海員中，有欲上岸購物者，以無法詢明開船日期與鐘點，故將襯衫一件，懸掛桅頂，藉作回船信號。此則荷方指為違反紀律，其值班軍官令將該件取下，因與海員發生衝突，荷蘭水兵開槍，擊斃我海員二人，傷四人。事後由中、英、荷三方派員就地會同調查，我國派駐開羅領事邱祖銘會查。梔頂懸物，為本案主要爭點，我方認為一種遇難信號，英、荷二方，則始終指為叛變行為，以荷兵開槍為出於自衛。又邱領事堅持須調驗醫生證件，英、荷二方認為無須，因此，荷蘭水兵開槍，是否並未超過自衛程度亦成疑問

澳西素亦稱佛利滿特素案

同年三月十二日，荷蘭商船沙若拿號Saroena，駛抵澳大利亞西岸佛利滿特Fremautle。中國海員四十人，以雇工合同業於兩個月前期滿，公推代表一人，向船主請求解雇。船主不允，言須俟從新加坡僱到新海員後，舊海員方可解雇。遂將該海員代表送交當地官廳扣留。三十日，海員們要求把他釋放，否則可能次日全體罷工。次日晨，船主請求澳國軍官派兵相助，覆稱此事須依法律解決，不可用武。船主乃於同日（即三十一日）下午，商由附近停泊之荷蘭兵船，派水兵十人，來登該商船。遂令中國海員聚集甲板，並准許水兵用武。正當海員們步行往前之際，有一人落後，被一個荷蘭水兵用刺刀戳死，餘人睹狀

驚逃，荷人且追且開槍，另有中國海員一人，舉起雙手，逃往停泊附近之挪威油船，亦仍被擊斃，此外並傷華籍海員三人。

古拉索案

一九四二年年初，荷蘭古拉索船公司，關於海員工資問題，暨其他有關事件，曾與中國海員發生爭執。當雙方談判正在進行，而華籍海員等候復工中，該公司欲將所指稱鬧風潮的領袖，與其他海員隔離另住，遂於是年四月間，決擬於該處（即荷屬西印度古拉索Curacao之Willemstad城）某營房所留住之，四百二十八名中國海員中，抽選八十五名，押送他營房。是月二十日，古拉索官廳派大批武裝警察，馳駐該營房，迫令隔離。他們到後，即將該營房嚴密包圍，下令著尚在臥房之中國海員，全體集中空場。該警察等荷槍實彈，並佩上刺刀，對海員作衝鋒勢。其警察總巡查則設桌營房門旁，勒令海員魚貫而前。斯時陳、鄭二海員，代表全體海員，向前詢問，謂警察此舉，是否意在強迫海員復工？同時說明彼等願暫時留居營內，以待中國領事到來云云。旋荷蘭總巡查查得該二海員亦應在提取之列，即令警察押出營門，該二海員略有躊躇，即被警察踢打，一部分海員睹此情狀，趨前拯救，且欲與荷方理論，乃該警察未予警告，遽行開槍。因此激起了極大騷動，中國海員，本無攻擊武裝警察之工具與企圖，此時為自衛計，有從一個警察手中奪得步槍一桿者，有急遽中拾得油管者，亦有衝出營門外逃命者，最大多數，則皆伏在地上。警察們刀斫槍擊，約四分鐘始停止。中國海員當場斃命者十二人，傷者三十八人，嗣有傷者三人亦死，計此案我國海員死者十五人，傷者三十五人。荷人六人受微傷。

（以上均根據駐夏灣拿總領事雷崧生實地調查報告）

該三案發生後我遵照外交部電令。根據我官方報告，先後向荷政府抗議，提出要求（一）懲處肇事官警，（二）賠償受傷海員及撫卹死者家屬，（三）保證嗣後不再發生同樣事件。亞歷山大案，初由我國駐英大使館提向英政府交涉，嗣以事關荷船，亦改歸我辦。澳西案經我國駐澳公員就地切實調查，同時查得澳方檢屍官全份文件，以及關於此案澳國中央政府與地方官來往電報，因得洞悉該案真相。徐使富於法官及外交官經驗，根據無可爭辯的事實，自己起草英文照會稿，全文拍電送我，我照樣向荷外部提出。荷外部祕書長Van Bylandt答稱此案亦是海員叛變行為，我詢以此案雇工合同業已期滿，海員們推出代表向船主請求解雇，此種舉動，是否構成叛變？該祕書長無辭以對，然仍多方推諉，多方遷延。最後荷政府自動撫卹，付英金五百四十三鎊十五先令，我國在不妨礙法律立場馬上予以接受，將該款分給有關海員及家屬，故澳西案總算勉強告一段落，餘兩案則始終未結。

茲更就古拉索案詳言之：三案中，此案我方死傷特多，尤為嚴重。我從長考量並送經面商顧使後，於是年七月十七日照會荷外部，及今覆閱，措辭未免過重了！起初此案我外部先向駐重慶荷使提出抗議，嗣電令我辦理，正酌辦間，荷外部先於是月九日致我照會，送來古拉索官廳長篇報告一件，然該照會係十五日交郵，十七日入收，其時我的照會已定稿，此稿當然依據我方自己的報告，我的說法與立場，不因接到對方報告而有所改變，故我的照會，雖於同月二十日送致荷外部，而仍用原定之稿，並仍用十七日子。

荷方說法，則以為多數海員，願意復工，惟受少數搗亂份子恫嚇不敢有所表示，故決計將彼等隔離分住，庶可解決勞工糾紛。曾於肇事前數日，設法實行隔離，未獲效果，乃不得不遣武裝警察，前往辦理，臨時海員們蠭擁而前，手持鐵塊、油管、石塊、手杖等物，劈面迎擊，警察因而開槍，以自保生命云。

我七月十七日照會，分作十段，除根據我方報告詳列事件經過外，並提出如前述之結案條件外，茲特轉載其中四段（即第四、第五、第六、第七各段），以明我方之看法與立場，如左：

四、此次事件發生之基本原因，蓋由於古拉索船公司油船雇用中國海員以來，一部分當地官廳及公司職員，對於中國海員之應視同荷蘭海員一層，未能了解其合乎公道。彼等對於中國海員因物價奇昂暨戰爭危險所提出之合理要求，嗇於接受，馴致海員迫而不得不訴諸罷工之一途。且海員之在海上，則得其服務，一旦登岸，則當地不准居留，甚至多視為不需要之外國人，困難多端，亦由此起。

五、總之，此次事件，無論其爭端性質若何，而遣派武裝警察，對付手無寸鐵之中國海員，希圖以武力解決糾紛，則無論在任何立場，均無以自解。地方當局採取此種手段時，對於因此必然產生之緊張空氣，因而發生之危險結局，自當知之已悉。且也以武力或暴力解決爭端，乃此次同盟國所不惜訴諸戰爭以圖打倒者，故凡荷蘭船公司以強暴手段對付中國海員之舉，自非貴國政府政策上所能允許或默認，何況特別在戰爭進行中，中國海員在荷船勇於服務，對於同盟國共同作戰，曾作重大而有用之貢獻乎？此層諒貴國政府亦已明悉矣。

六、在當時中國海員中，容有取用器具，作為武器，以資自衛者，然彼開始攻擊者，並不因而理直。且海員於武裝警察之來，事先毫無所聞，可見絕無海員預謀攻擊警察之可能。以海員在警察開鎗後，當地覓得任何物件，隨手摭拾，以圖自衛，此則既易了解，亦且正當。又查所稱中國海員取用各件武器，如斷桿鎗一枝及刺刀一把，係在警察開鎗後，由對方手中奪得者，其油管裁紙刀削鉛筆刀等件，充其量，在對付全副武裝警察時，只能用以自衛而已。至荷人方面受微傷者只有六人，就此一點，即可斷定中國海員行動，決未超過自衛範圍以外矣。

七、此種案件，連續不斷發生，勢必供給共同敵人以惡意宣傳資料，以妨害同盟國大局前途。蓋敵人處心積慮，在暗中破壞同盟各國之一致關係，故將利用此種案件，謂為真正原因，乃由於現存之種族偏見，此則不無可懼耳。

七月二十四日，我以荷外部祕書長（簡稱V.B.）電話約談，往看之，談話要點，摘錄於後：

金：什麼好消息？

V.B.：是否好的消息，我不得而知。查貴使古拉索案照會，其語氣這樣不愉快，故我擬請另送照會一件，說貴方接到我方照會及報告後，對本案作另一種看法，何如？

金：不愉快是事件而非照會，我不能將該照會收回。

V.B.：我並非要貴使接受我方的說法，貴使當然遵令抗議，但貴使既已收到荷外部照會，當可報告政府，說接荷方照會後，情形不無稍有改變了。

金：貴祕書長要我做這樣做那樣！

V.B.：貴使是否願做，當然由貴使決定。但若堅持貴方照會的說法，則我方覆文，亦必有不愉快的語氣，例如貴使照會，指荷蘭警察為「攻擊者」，並說「以武力或暴力解決爭端，乃此次同盟國所不惜訴諸戰爭以圖打倒者」等語，全文語氣是不友誼的。

金：若謂荷警舉動並非使用武力，不知當稱為什麼？

V.B.：可是我們並非以武力解決爭端，照貴方的說法，對於荷方事前曾設法和平解決一層，未免忽視了。

金：貴祕書長是否準備討論我方照會？

V.B.：否。

金：我國海員，不獨在古拉索，並且在佛利滿特及亞歷山大等處，遭死傷甚家，我政府人民，皆視為案情嚴重，我亦嘗盡力保全愉快的空氣，可是事態本身，是何等不愉快的！

此番談話（會晤錄第二〇四號），當然是不愉快的，嗣又經雙方辯論後，我告以（一）最要緊的是如何將案件結束，（我曾講起會查事實，卻並未建議。）（二）俟荷方照會內幾點調查清楚後，我當再送照會以補充前件，但並非收回或取消之意，（三）我當將吾們本日會晤情形，與顧博士作一私人談話，觀其感想如何？

我隨即往見顧使，又作一詳談，顧使意倘事件本身有滿意解決辦法，即使將照會修改，亦無不可。並說應付步驟，可分三段，即（一）中荷會同調查，並請美國參加，（二）報告華盛頓太平洋軍事會議，（三）由政府招回荷船我國海員，勿再在荷船服務。

我當然隨時電部報告經過請示方針，至是並將十七日照會有關係四段全文電部，電末並說：「再者，此時同盟國間發生齟齬，原非幸事，然禍由彼發，咎非在我，他日宣示全世界，曲直自明。照會中如武力解決爭端，如種族成見各語，雖抉其隱，要非直指，案情太重，語非過甚。況荷人向不認錯，即使照會措辭和平，彼於自動撫卹，或可稍事點綴，但亦初無把握。此外如懲凶賠償保證各要求，均難望其接受，即通令船公司勿用武力一節，雖經迭催，亦迄未辦，澳西案至今無隻字相覆，尤為明證。事關邦交，究應如何應付，乞電示遵。」此電七月二十五日拍發，八月六日奉部電覆「古拉索案照會措辭，及交涉方略，均甚恰當，荷方態度若此，我方必須堅持。」

我方嗣提議案古拉索案由中、荷二國會同調查事實，同時公請在該處美國海軍司令參加。當由我先後向荷外長及航業部長Kerstens切商，初似並不堅決拒絕，繼言邀請美人參加，未免開一惡例，我謂此層可從長再加考量。既而荷方以此案業經古拉索官廳調查清楚無須再查為辭，對於會查一層，根本不同意，僅謂我方倘有新的事實發現而為荷方所未知者，可請見告，因此不得要領。我乃以私人友誼，商請荷蘭陸軍部長Van Lidth de Jeude轉商荷外長由荷方自動撫卹了案，亦不見允。同時亞歷山大案幾經交涉，始終無效。此後每遇我方要求結案，荷方必故示驚訝，以何案尚懸為問，其態度可知矣。

先是，我以交涉事件，不問性質若何，亦不問嚴重性程度若何，欲求適當滿意解決，縱無須遇事以實力為後盾，亦須有適當機會，而機會之來，由環境造成者有之，從苦心覓得者亦有之，盡其在我，如是而已。因此，我於三十一年即一九四二年十月間，大致根據顧大使指點之應付步驟（已見上文）電部建議，此外補充一項，則以其時荷蘭欲繼英、美與我國議訂放棄治外法權新約，我向部主張俟英、美二國新約訂妥，視荷蘭為無約國，聲明在各該案未解決前，不予議訂新約，亦不將使館升格，不互派大使。其後我又向部提議，擬於訂約後設立兩國「和平處理委員會」，根據公平合理基礎，以商結各懸案，然亦並未向荷方提出。次年底，我奉外交部令，認為古亞二案（其時澳西案已結）與《中荷新約》談判無關係，倘交涉無效，可向荷方建議用仲裁方法解決。

依法解決一層，實出於荷外長克蘭芬斯之口。緣三十二年即一九四三年夏間，外長宋子文來英，八月五日，由我陪往訪荷外長，宋部長偶而談及古、亞二案，表示希望從早解決。荷外長臉色頓轉紅，謂除中國訴諸國際法庭外，荷方對此兩案，已無事可為。我乃言荷外長用意甚善，此時國際法庭，雖不能行使職務，兩國間可特般類似組織，藉圖解決懸案，宋部長說可照此意進行。仲裁之說，似根據我的和平處理原議，然荷外長既已提起國際法庭，姑不問其是否臨時搪塞，當然以提交公斷，為較與彼意接近，似或可較易得其接受，故我於次年二月間，先以公斷之說，向荷外部作初步提議，荷方詢及所當公斷之點，答以無非欲明曲直安在。荷方不置可否，但請我方備送照會，對兩案分別作具體建議。

我乃作一通盤計畫，撰寫了「用公斷方法解決古拉索案與亞歷山大案說帖」一件，分成六節，又六附件，一以篇幅過長，不便附印，二以所說的話，大致皆已散見本篇，亦無須贅述，茲僅標舉各節題目於下：（一）中荷兩方之爭點，（二）解決機會之試覓，（三）交涉結案之經過，（四）打開僵局之途徑，（五）公斷之程序及其利弊，（六）分案解決之建議。第六節又分為（甲）關於亞案部分，及（乙）關於古案部分，同時草擬致荷外長英文照會稿兩紙。該說帖於是年（一九四四年）二月二十九日擬定，三月二十二日繕發，呈部請示。

以公斷方式解決國際爭端，曲直判明，兩造國俱受拘束，純從法律方面觀察，當然合乎理想，然若更從政治方面觀察，問題卻不如此簡單，故我於說帖內，說明公斷利弊藉供當局參考。我說：「我方勝訴時，宜可得相當滿意解決的條件，反之，假使我國敗訴，則賠償撫卹當然談不到，而且海員將負滋事責任，恐諸海員或其他僑民中，有不明國際公斷性質者，對於政府提交公斷之用意，或竟多所誤會，難以理喻，此中利弊所在，似有事前從長計議之必要。」老實說，三案中我方立場最能站穩者，是澳西案，古案次之，亞案又次之，故我對於亞案特為強調數語，我說：「該案英、荷兩國，皆認為叛變行為，茲查英外部一九四二年四月十七日所致顧大使覆照，以為現時問題，係如何懲處其他參預叛變海員。而荷外部同年九月八日致金公使照會，亦謂肇事海員中，既有二人因自身罪行，喪其生命，對於其他海員，可不追究之語，是此案若經公斷員判為其曲在我，則恐荷方加以追究，勢必引起重大枝節。」云云。

至所欲公斷解決之點，最關重要，我於所擬兩照會稿內，只說所欲判明之點，係就各該案情形論，該荷蘭水兵（指亞案）或荷警（指古案）所用強制力的重量暨其程度，以致擊斃或擊傷海員若干人，究竟是否充分的正當是也。該說帖發出後，始終未奉部覆。是年底，新派荷館參事張道行來英，據稱此件經送請王亮疇審核，王博士意見，謂律師費太鉅，將來所得或不償所失殊，不合算云。

我住英四載經手的事，不獨古、亞兩案，始終未結，尚有荷船華籍海員改善待遇問題，亦復徒費唇舌，毫無結果。此問題事屬專門，我只是一知半解，本館又無此技術人才，乃商諸顧大使，臨時借用駐倫敦總領事譚葆慎，及駐利物浦領事陶寅二員，幫同辦理。兩君原經手議訂英船華籍海員工資新合同，學識經驗，兩皆優良，確是好的助手。一九四二年五月八日，中、荷二方第一次會談，我偕同專員祕書親往出席，荷方三人，由荷外部通商領務司長de Bruyn為發言人，大體上彼此交換意見，以後歸兩方專家，非正式洽商。我本人迭與荷外部及航業部討論原則問題。我方初提出華籍海員與荷籍海員完全平等待遇的原則，荷方則以就工作效率論，荷籍海員一人抵得華籍海員二人以上為辭，謂原則用意固善，無如實行困難，故不能接受。繼為欲使問題簡化，我方復提議按月普遍的增加工資英金二鎊，亦不見允。磋商甚久，未有歸宿。此問題及古、亞二案，既均未獲辦結，加以同時適值新約談判，雙方僵持，亦發生不少摩擦，克蘭芬斯單adamant（倔強）稱我，我反而覺得不敢當。總而言之，我這幾年的經驗，無疑地，是我生平辦理外交一大缺憾！

　　茲更就當年我國海員遭死傷各案，補充幾句，當作二十餘年後平心靜氣的自省，覺得此後倘更遇有此類事件，經手交涉人員，似應注意下列幾點：（一）事實須求準確，如有不明瞭之點，須予覆查，如有情理不通之點，無須提出；（二）立場須堅定，措辭不妨婉轉；（三）要求不宜過於硬性，且須自已預先打算如何伸縮；（四）交涉途徑，包括正式或非正式，須多方的，尤須試覓並運用解決時機。至我所謂情理不通之點，例如亞歷山大懸衣桅頂一事，我方認為遇難信號，細思之，實難以自圓其說，當時應向本國政府明白指出，建議此點不必堅持，而我未曾想到，可見我之粗疏。我今願外交界同仁鑒於我的已往失敗教訓而加以留意也。

《中荷新約》談判

廢除不平等條約，向來是我政府人民一致不斷努力的目標。抗戰期間，美、英二國，先後表示願俟和平恢復後，與我國商議取消治外法權。珍珠港事變前夕，美政府向日本所提具體案，亦有放棄治外法權一條，日本對此條，願予接受。迨太平洋戰事發生，我國成為盟國，一九四二年我國國慶日，英、美宣布願與我國立即商議此事，無須候至恢復和平以後，遂分別向我政府提出新約草案。荷蘭以英、美此舉，事前未與荷方接洽，覺得有些不滿意，旋亦於同年底對我提出類似草約。荷約歸我在倫敦與荷外部議訂。互相提案多次，磋商了兩年半，至一九四五年五月二十九日在倫敦簽約。荷約連同換文在內，如荷國拋棄在華領事裁判權，以及其他一切特權，如取消《辛丑和約》，如交還上海廈門公共租界，以及其他各項，核之英、美等約，實質上未見獨異，他約經兩個月談判，即告成功，而荷約費時獨多者，有其特殊原因，問題是我國僑民在荷屬東印度之法律上地位，以及該華僑之利益與幸福，如何維護與增進。中、荷雙方對該問題之看法，根本互殊，荷方認為此次訂約，重在放棄荷蘭在華特權，至關於荷印華僑各問題，須待異日討論，不在此次談判範圍之內，我方則認為此次訂約宗旨，不僅在結束既往，亦且在籌劃將來，故各該問題自有討論規定之可能與必要云。

茲分左列三項，以說明中、荷兩方之爭論要點：

領事職權及設領條款

荷方初主張：（一）領事官探視被逮捕之本國人暨代為轉遞通信一層，僅對於荷蘭在華領事有此規定，而不及於我國在荷蘭之領事。荷方認為彼既放棄領判權，故以探訪被逮荷人之權，給予在華荷領，以為交換條件。我方說我國在荷並無領判權，故我對荷無可放棄，此種缺乏互惠，是形式的而非實在的；何況領判權與通常領事官職務，截然二事，不容併為一談，必須完全相互平等。又（二）設領條款，就在華荷領論，適用於我國全國，但就在荷華領論，僅適用於歐洲部分的荷國，而將荷屬東西印度除外。我方亦堅持此種片面規定，萬難接受；並言荷國憲法，認其屬地為荷蘭王國之整個一部分，更無除外理由。荷方旋將此項主張撤回。

進出境及旅行居住經商各問題

原來當時荷印法律規定，分該地人民為三類，即（一）歐洲人，（二）土人，（三）東方外國人。甲午戰後，以日本人歸入歐洲人類，所謂東方外國人，乃專指我國人與亞拉伯人。由於法律上種族的差別，吾僑受了種種不平等待遇。太平洋戰事發生前三四十年間，我方隨時要求平等待遇而無所成，戰事既作，荷蘭於三十一年即一九四二年十月底，曾聲明將來戰事結束後，對於荷印各民族之區別，設法取消，但此為荷印內部法律上之修改，無須經過兩國外交談判手續。同年同月三十一日，駐重慶荷使致我外部節略，同樣表明願於戰後取消荷印法律上種族差別待遇之意。

又自一九三四年以後，荷印限制移民入境，雖移民年額，各民族一律平均分配，並有調劑辦法，只以華僑入境，向來超過他民族甚多，且有歷史地理經濟種種關係，此種限制，於我僑究多不利。（請參閱《傳記文學》第十一卷第一期我撰的〈兼管館務會務以及回國述職〉篇，另見本書。）

鑒於上述各項情形，並鑒於歷年對荷交涉之困難，此次為求根本解決計，我方除先已提案外，以我國適與巴西簽訂新約（一九四三年八月一日），乃向荷外部提出與該約同樣文字之條文，規定「此締約國，應允許彼締約國人民，照其法律，並在第三國人民同一條件之下，有在其領土全境內旅行居住經商之權。」隨後復向荷方提出兩締約國人民無限制自由進出境之條文。

自時厥後，兩方我點集中於入境以及入境後待遇各問題。我方以事關華僑利益幸福，異常重視，迭為力爭。乃荷方以入境問題，牽涉荷印移民政策，不欲受條約上之束縛，而入境後之待遇，如旅行，居住，經商各項，須俟戰事結束荷印內部法律修正後，方能在條約內明文規定最惠國待遇，故對於我方提案，表示均難接受。

一九四四年六月六日同盟軍諾曼第登陸前約一個半月，為保持軍事機密起見，英政府從盟軍總司令之請，限制外交團與本國政府通郵電自由，因而《中荷新約》談判，亦更多停頓，迨禁令既解，我乃與荷外部賡續交涉。

我為了進出境及旅行，居住，經商諸問題，與荷外長及荷外部祕書長交涉，自三十二年九月間起，至次年十月止，費了一年多光陰，會晤留有紀錄者三十次，茲特檢敘一次，以供參考，是為三十三年六月二十八日與荷外部祕書長Van Byladt之談話（會晤錄第二五九號）。其時德人正向英國放射飛彈，倫敦常遭射擊，荷外部辦公地點，在倫敦市區，每遇有此彈飛來，近鄰屋頂，懸掛紅色警旗，市民見旗，設法躲避，飛彈既過，落旗解警。是日會晤時，見有警旗，該祕書長即偕我同往室外走廊暫躲，以免玻璃震碎，飛片傷人，如是者三次。是日，經長時間激烈爭辯後，我提出一個折衷辦法，請荷方考量，並言此次若能成議，未始非受了敵彈之賜！

是日，我對於入境問題，暫未提及，然該祕書長仍再三聲明謂自由入境之議荷方斷難同意。至關於入境後之待遇一層，我請其重加考量，告以（一）此係國際間通例；（二）就荷印華僑論，茲荷方既經表示於戰後取消種族歧視，則對我方提議，自可不難接受；（三）荷方固曾聲明以荷印現正由日敵佔領，荷印將來政事，不願於現階段預為作主，然同時亦曾說明關於旅行居住經商等事項，荷印將來必以第三國人待遇給予華人，並以華人向來已得第三國人待遇為言，既然如是，則我方此項提議，無非一種證實，自更無不能接受理由。

該祕書長謂荷方歉難再予考量，並言在此情形之下，惟有暫時停頓。我說此亦無所謂，但言他國先後皆與我訂新約，而荷蘭獨否，恐不免惹起輿論誤會耳。彼言當然須由雙方會同發表宣言，說明談判停頓理由。

旋我又檢讀我方提案原文，切詢彼方困難安在。答稱：就該案表面文字論，似亦無所謂，然該案牽涉荷印法權問題，一則此問題純屬荷印內政，二則將來種族區別取消後，首當改組法庭，必須經過相當合理期間，斷難一蹴而幾，如貴方提案之所預冀者，此皆實際上之困難，然荷方既已表示願意取消法律上之區別，自必踐其諾言，想貴方當能相信並諒解也。

我說既係如此，何不一面於約中接受我方提案，一面另想一種辦法，例如互換照會之類，重申荷方願於戰後取消歧視待遇之意，並說明短時期內實際上困難安在，如此，或亦解決雙方困難之一法。該祕書長允為考量。是日談判情形，對於入境待遇一節，顯見有解決途徑可尋。乃次日我接該祕書長傳電話相告：則謂此項辦法，經細閱全卷詳加考量後，認為亦難同意，並說將來既欲議訂商約，此時不必預為規定最惠國待遇，此不過時間問題耳。

嗣我方對於入境條款，撤回無限制自由入境原議，而改用定額制。其文如下：「兩締約國人民，以在第三國人民同一條件之下，並依照各該國現行法律與規章，得自由出入彼此領土，惟須彼此了解者，即倘此締約國採取移民定額制時，彼締約國人民每年得准入境之人數，應以此締約國所有外僑中彼締約國人民所占之百分數為正比例。」經向荷外長提出，他說：如此，則中國不獨指摘荷印過去移民政策，而且干涉其將來政策，實難同意。他又說：取消種族差別待遇一層，斷不能以照會互換云。

既又經過幾次交涉，最後始議定該條條文（一九四五年五月二十九日《中荷條約》第六條第一款），「締約一方，應給予締約他方人民以進出其領土之權利，暨在該領土全境內旅行居住及經商之權利。」同時荷政府將訓令其駐重慶大使，於簽約日，照會我政府，重申一九四二年十月三十一日前，駐華荷蘭公使所送節略內容，但不得出以互換照會方式。

聲明保留之波折

我國所提入境自由及入境後最惠國待遇各條，荷方既皆不接受，我方經詳加考量後，決定對各該事項，作一保留立場之聲明，準備他日相機再提，同時

（三十四年初）會同荷外部整理全約文字，作簽約準備。我外部決定俟簽約日荷使照會部長時，於覆照中聲明保留立場。我遵電先向荷外部口頭通知，答言此次荷方自動再送照會，原是一番好意，而貴方乃利用覆照機會，作進一步表示，非荷方送照本意，經我予以解釋後，始勉強允如原議。

我方所擬覆照初稿，原有「種族歧視為全世界輿論所指摘」字樣，並提及將來陳制定移民條例時，須基於中國人與荷印歷史地理經濟上種種特殊關係，給我優遇云云，均為荷方所反對。我方旋容納荷方意見，概予刪去，僅言「簽訂新約，並不將我方對於出入境旅行居住經商各事項之立場，有所妨礙」，荷方亦不同意。迭經往返磋磨，荷方表示種種為難，曾一度擬不簽約，我乃於是年即一九四五年四月九日私電吳次長國楨，大旨以「荷方對於與條約本身無關之照會稿，亦復字斟句酌，如此麻煩，可見其胸襟狹窄，太不痛快。弟意擬請政府宣布停止談判，並以現在大多數國業經與我簽訂新約，似可同時聲明，自本年六月一日起，凡未經訂新約各國，其在華治外法權及一切特權，一概作為取消。」

嗣我方又酌予讓步，最後議定覆照內只說將來遇有較為合宜時機，再提各該問題，既不指明何問題，亦不指定何時再提，例如商訂商約機會之類，又對於荷使簽約日照會，我方僅覆收到，亦不將來文全引一遍。遂於五月二十九日午後四鐘，我率同魏參事艮聲、趙祕書惠謨、王祕書庭珊前往荷外部。我與兼代荷外長米希爾，E. F. M. J. Michiels van Verduynen（時荷外長克蘭芬斯往美國出席金山會議，尤其駐英大使兼不管部閣員米希爾兼代外長），在荷外長辦公室簽約，並簽換文暨會議紀錄各一件。此約談判，費時兩年半，簽字只須兩分半鐘，毫無禮節，簽字前該代理外長奉女王命，以我將離任，以大綬勛章一座相贈，略致數語，我為答謝，簽約後與談約半句鐘而退。

《中荷新約》共九條，其內容大旨（一）規定兩締約國領土與人民或臣民之定義（第一條）；（二）取消荷蘭在華治外法權（第二條）；（三）取消《辛丑和約》，歸還北平使館界行政與管理（第三條）；（四）歸還上海廈門公共租界（第四條）；（五）規定關於荷蘭王國或人民公司在中國領土內現有不動產之權利事項（第五條）；（六）規定進出境暨旅行居住經商各項權利，以及司法上與徵稅上享受本國人民所享受之待遇（第六條）；（七）規定雙方領事官之權利，特權與豁免（第七條）；（八）規定日後簽訂友好通商航海設領條約，又在該約未訂立前，遇有涉及兩締約國或人民公司問題，依照國際公法及慣例解決之（第八條）；（九）批准及生效（第九條）。

同日我與代理荷外長換文一件，取消荷國以前享受之他種特權，即沿海貿易，暨內河航行權，以及荷國軍艦，未經中國政府同意，而駛入中國領水之權，以及他權數種；並以相互為基礎，規定舊約作廢後新商約未訂立前須予同意了解的事項數端。此外尚有雙方同意之會議紀錄一件，係對於兩締約國商船駛至彼領水及口岸一節，聲明彼此了解雙方為國防計，有權封閉任何口岸，禁止一切海外商運。

綜觀該約及換文各件，實質上與一九四三年一月十一日《中美》、《中英》兩約，大體相同。茲查《中美》、《中英》兩約，關於旅行居住經商一條稱該二國對於中華民國人民，在該二國全境內，早已予以該項權利，故中國政府同意，在其領土內，亦以相同權利給予英、美二國人民，此種措施難免令人誤解為百年來遭受不平等待遇者，是外國人而非我國人，殊非真相。就文字論，亦覺不無拖泥帶水，第六條第一款（見上文）[17]之文字，當然比較的簡潔

17 荷方兩次所提草約，關於旅行居住經商之規定，其文字用意，原與英美約相同，最後乃同意今條文字。

些，且同時加入「進出領土權利」字樣，為美、英二約所無，似未始非對準荷印限制移民政策之一種暗示也。

迨太平洋戰事終止，荷印建立印度尼西亞共荷國，為荷蘭印尼聯合國一分子，不數年，完全脫離荷蘭而成獨立國。於是《中荷新約》談判中我所為斷斷力爭者，至是而失去其目標，然為爭取吾僑前途，職責所在，自不容有所忽視，要非徒然浪費時間。茲從篋中檢得〈處理荷印問題報告〉長篇一件，是我於一九四四年間，根據荷蘭女王宣示對屬地之大政方針，暨荷外長Van Kleffens之論文與荷殖民部長Van Mook之演辭，以及他種資料，分為（一）荷蘭殖民政策的鳥瞰，（二）荷印將來之推測兩大段，撰成專件，於是年四月十二日呈送外交部，其結語中有此數語，足見荷印如同印度暨其他殖民地一樣，有戰後轉向獨立的趨勢，似本在一般人意料之中，爰為節錄於左：

就政治方面說，荷方（戰後）一面以解放民族與完成充分自治相號召，一面與其他擁有屬地各國，基於同樣利害關係的基礎，互相呼應，藉圖保持並益加鞏固其本國對於荷印之團結，使荷印益成為荷蘭整個王國不可分離的分子，亦屬無足驚異之事。至於分區委員會的主張[18]，其真正用意，似在緩和「屬地應即獨立」之說，故即使此議見諸實行，雖比之昔時代管制度，或可較勝一籌，而集「有屬地國」與「無屬地國」代表於一堂，能否無同牀異夢之感，此時亦難預料。雖然如是，凡有此類委員會設立時，不論其為美國式的，或為英荷式的，以我國與遠東諸屬地種種關係之深切，必當積極要求充分參加，自無疑義。至若他日國際會議席次，倘有力方面，主張所有殖民地，不問在戰後最近的將來，將以何種方式統治管理，而終當以真正解放獨立為確切不移之最後目標，則吾人之當樂予贊助，正為天經地義應有之舉也。

（原載《傳記文學》第十二卷第三、四、五期）

18 一九四二年十二月間，太平洋學會，在加拿大Mont Tremblant開會，東南亞問題連同荷印問題在內，為重要議題之一，當時討論甚詳，主張亦多，大致趨向於戰後設立South-East Asia Regional Council東南亞區域委員會，以圖促進該區域政治、軍事、經濟、社會各種事項之合作，並注意於推行及實現《大西洋約章》第三點關於尊重人民選擇政府權之規定。荷方對於該主張，亦表示可以接受，惟以他區域有類似組織為條件。

德荷戰事經過情形初稿

駐荷蘭公使館編

謹呈　少公大使　誨正　泗敬上　卅、九、一日

（一）荷蘭在歐戰中的地位

荷蘭東境，全線與德國接壤自北至南，約長三百公里。西隔北海與英國為鄰，海岸線長二百公里左右；自Flushing至倫敦相距二百五十公里。南鄰比國，界長約二百四十公里，從Maastricht南過比國而至法國之Sadan，約一百三十公里；法亦荷之鄰國也。重要國際河流之萊因河，發源於法瑞間，北流經德國，曲折蜿蜒，進荷境而西流入海，並有Meuse及Escaut河，則皆從法國經比利時由荷境以入海。更有鐵道航路，公路，航空線馳驟縱橫，交通靈便瞬息咸達。地理上之形勢既如彼，交通上之便捷又如此，已可推知荷蘭在此次歐

戰中之地位與其危險性之程度矣。

次就歷史及文化方面言，荷蘭與此四鄰邦者，皆有深切關係。其與德國，以有文字上與血統上之聯繫，尤見密切。荷蘭文字，在荷人固認為一種獨立文字，然自德人視之，乃為脫胎於德文之一種方言而已。若論血統則德荷兩國人民之相關自深，專就王室言，荷后Wilhelmina之母與其夫以及其女婿，三代皆屬德籍也。

復就經濟上關係言：歐洲重要商業國，英德法三國而外，其次即為比荷二國，比為出口貿易第四位國；荷則為進口貿易第四位國。二國均有物產豐富之屬地。荷更航業發達遍布全球，荷雖積存外匯甚微，而其存金價值，總在十萬萬荷盾以上。若以一九三八年及一九三九年的進出口貿易計，荷國進口貨中，德貨佔第一位，比國盧森堡次之，美又次之，英第四，荷印第五；至其出口貿易，英居第一位德為第二國。荷之進口品中，糧倉佔百分之十五；其工業所需原料與半製品，約居三分之一。一九三八年，輸入石油，約為一百七十五萬米突頓。大部份係自其東西印屬地輸入者。又其貨棧堆存巨量熱帶地產品。此外農產品如麵粉，馬鈴薯，蔬菜，豌豆，豆，植物油，酪業品之牛乳，乳酪，牛奶油，以及魚類均存貨甚多。凡此資源之充牣與夫經濟力量之雄厚，俱足以惹起鄰國的垂涎。加以荷蘭擁有萊因河入海之處，此即鹿得達姆埠（以下簡稱鹿埠）所在地。萊因河流所過德國地方，名為魯爾區域The Ruhr為全歐人口最密之重要工業區域，其地所產之煤及所製熟鐵之輸出，暨其所需要之生鐵，木料糧倉之輸入，均有賴於荷之鹿埠與比之盎維斯。而鹿埠貨運為尤多，蓋在歐戰未發生英國未實行統制海運以前，萊因河流域之工業界，固視原料運經鹿埠為最廉的路程焉。

荷蘭介於三強之間，英法得之，可以進窺魯爾。德人得之，可以南攻比法，西脅英倫，從荷蘭東南Limburg省渡Maas河以南侵，尤易取勝，然則荷蘭在這次歐戰中的地位，略同春秋時代鄭國，位乎晉楚之間，為二國所必爭。或稱荷蘭為歐洲之危險的一隅（Dangerous corner），要非虛語。自前年九月歐戰起後，荷國一面謹守中立，不偏不倚；一面以維護中立為目標整頓國防。戰戰競競凡八個月，終於為德人所侵略，牽入漩渦，中立為所破壞，疆土為所佔領，其困苦的悲慘的經過情形，將於以下各章分述焉。

（二）荷國國防之配置

荷國一百餘年來，未經戰事，上屆歐戰，復獲幸免，於是熙熙攘攘頗有「偃武修文」「人不知兵」之氣象，其於國防，不甚重視。故歷年預算案，國防經費僅占百分之十二左右，以視教育經費之二十一，與社會事業經費之十八，相差頗鉅。近年怵於歐局的變化，對於國防一端，雖非亟起直追，亦稍有亡羊補牢之意。其本國國防之配置，多注意於陸地，空中，而尤注意於陸防。荷之陸軍編制，計平時四師，每年平均約有一萬六千人在伍。歐局吃緊荷政府下總動員令得三十五萬至四十萬人，其中受有現代軍事訓練者約十萬人。荷既國小而兵弱，復無高山峻嶺以為守，故其國防之任務，僅在於盡力所能以維護其中立。他方面，則以其地勢低窪，全國河道縱橫，水閘完備，謂可恃以禦敵，而啟閘灌水，遂為荷國有史以來國防上傳統的要素。論其邊防，則以求敵人的緩進為目標，這種策略無以名之，似可名為，戰略上的暫擋與撤退 Strategical delay and retreat。

荷之東境，尤其是東北三省，原屬不易守，亦似本無固守之意，然仍護置不少障礙物，欲以暫擋敵人的前進，此如橋樑之備炸，如機關鎗網之設置，如指定地點之預備放水，以及其他軍事準備，均所以暫阻敵人的進攻也。

荷國東南部之林堡省Limburg其南半省位於德比二國之間，有如舌之外伸，凡遇西歐發生戰事時，其地每感當衝。上次歐戰爆發，右翼德軍，固由比境進攻，然仍不免行經荷境，約有咫尺之地。今則比之東境，築壘既堅，兵力亦厚，德若進攻比法，為避堅攻隙計，勢將取道於此。且其地形勢較高，無法灌水，而貫穿是省之Maas河，其南段河流乃靠荷比邊境，而非靠荷德邊境。因而此舌形的一塊地，軍事上最稱難守，形成荷國國防上之大弱點，亦即西歐通盤防線上之大弱點也。

荷之第一道防線：蓋自Yssel河口之Kampen起與Zwolle城隔河相望，傍Yssel河西岸，轉折而南，過萊因河邊之Arnhem城，乃沿是河兩岸設防，南度Waal河，至Maastricht城遂傍Maas河西岸，面Venlo及Raermond兩城而下，至於比境，復折而南，進所謂舌形的一塊地乃沿Maas河之東岸，與Maastricht城相對，以至於南境。此線沿兩河設防，故名為Ijssel-Maas線，約長二百公里，過Maastricht城而西若南，則為比境，此即比國最重要而最堅固防守線之所在地也。

在Yssel-Maas線之西，相距最遠點約四十五公里，另一防線名為Grebbe線。此線自Issel湖之南岸起，過Amersfoort城，南下至Grebbe，以達於萊茵河北岸。沿線築壘最稱堅固。線長約三十五公里。由其南端渡Waal、Maas兩河：其南為Peel線，大致與第一道防線南段平行而下達於比境為最後築成之線。其西則為Betuwe線，大致沿Maas河而西，至Wondrichem，與Gounchem相望，而接灌水線（Water Line）之南端。又自Wondrichem沿Waal河而西至於海口，則為荷國國防地業：Fortress Holland之南段防線也。

距Grebbe之西又五十餘公里，為荷國主要防線。北自Yssel湖，南至Maas河，其間設有灌水區域，即所謂灌水線是已。是線亦自Yssel湖之南岸起，Muiden為其起點，轉折而南至Gorinchem，渡Waal河至於Maas河邊，共長約五十餘公里。凡荷國政治中心之海牙、工商業中心之阿埠、鹿埠與Dordrecht城等均在灌水線防守範圍之內，亦即「荷國國防地業」所在地。阿埠本為重鎮，即比年填海所築長堤，亦後設防。而此灌水線者不獨含有軍事上重要性，並有歷史上的價值。西歷一六七二年，荷人嘗於其地，以一萬荷兵，阻路易十四十倍之師，至於今傳為美談。灌水區寬自四公里至五公里不等，水深可自二十糎尺

（Centimeter），至四十糎尺，以至於數公尺。此次歐戰起後，經試驗，認為足使敵之馬隊與機械化部隊均陷於泥淖而不得進。此外，荷國所有防區，均可放水，固不獨灌水區域為然也。

荷蘭空軍，在一九三八年間，有機五百架，中有最新式的轟炸機。其駕駛員頗多能手。防空設備，雖欠完善，然亦置有瑞典Bofors兵工廠所製之高射礮。軍用飛機場：有Texel島之De Mok、北部之De Koog、阿埠之Schellingwoude、海牙之Ipenburg，歷頓之Volkenburg，Zelande之Veere，中部之Soesterberg，南部之Gilse-Reyten，而鹿埠之Waalhaven與阿埠之民用機場，尤為全歐設備最美面積最廣之機場之一，故較之軍用機場，其重要有過無不及云。

荷之海防，北有Den Helder軍港，西南沿海一則Maas河口，二則Hollandsche Diep及Volkerak，三則物利津Flushing及Scheldt河入海處均有設備，至其海軍力量共八萬噸左右，其主要任務在於防護荷印的安全將於第八篇荷屬東印度之地位與其前途「撮」要論之，暫不先述。

（三）荷國的中立立場與其維持中立之艱難

中立政策為荷國傳統的外交方針，但荷國情形異於比國。比之中立自一八三〇年至一九一四年八十餘年間，係列強簽約互相擔保的；荷則全由自立始。上屆歐戰比仍被牽入漩渦而荷則幸免。自歐戰告終，國聯產生以後，中立地位與盟約上之責任有所牴觸。荷之外交方針，既以國聯盟約為基礎，乃有放棄中立政策之趨勢。

我國九一八之變，荷之對我同情心，雖不若其其他數小國之顯著而欲藉盟約力量，以阻止侵略，則未嘗不同具此願，既而國聯對中日糾紛無法解決。嗣則對義阿事件試行制裁後歸失敗。而德國自希氏執政以來，初則退出國聯與軍縮會議，繼乃重行徵兵制度，旋又於萊因河解除武器區域恢復武裝節節進逼，而英法二國彼此持見方歧遂無切實應付之方。至是荷對國聯之信仰，始根本動搖，其對國聯盟約，有如歐洲其他數小國，根本的改變其觀念與解釋，其對於第十六條之態度，初則曰：在國聯盟約各條款尤其是關於減縮軍備一條未能全盤的貫澈的實行以前，則對於十六條之實施，須加考量，繼則謂：甲會員國若根據是條規定欲於乙會員國境內通過軍隊以制止侵略勢必使乙會員國之領土變成戰場。故假道過軍之規定，不得通用。末乃稱在現時國際變局之下會員國不負實行第十六條之義務，至是而荷國始完全恢復其傳統的中立政策。

然荷之中立政策，仍係自主的性質，意在靠己國的力量以維持其中立，而不欲任何他國以任何方式簽約保證，更不欲與任何他國訂立軍事上之同盟。此種立場，仍與比國有不同處。蓋比自歐戰後變更中立的立場，成為法國之同盟國。政治國防，在在與法國生密切的關係。直至德國恢復萊因河區域武裝，片面廢除洛卡諾公約，比國鑒於歐局之變遷，乃商諸英、法，解除其洛卡諾公約所負責任，而欲仿行荷之自主政策。然比國仍接受英法之共同保證及德國之單獨保證。荷則凡有保證提議，概予謝絕。其不同點，蓋在於此。故對於希氏一九三七年一月卅日所說：「德國準備承認並保證比荷二國為永久中立區」一層荷外長葛拉孚氏孚de Graeff，宣稱「關於荷國領土之不可侵犯一點，荷國不能與他國訂約規定，蓋此點荷國視為天經地義，決不容許其作為訂約之內容也」葛氏此言，足以代表荷政府一貫的外交方針。然前年戰事既起，德、英二國所為尊重荷國中立之片面聲明，荷政府自亦從未作拒絕的表示也。

緣歐洲西北隅比、荷二國（統稱Low Countries）實為英、法、德三大國間緩衝地帶。英國以有唇齒關係，固以保守二國之中立為英國傳統的外交政策之一端。即在德國當有事於東歐而無暇西進之秋，亦未嘗不欲藉比荷以為屏障。二國介於其間，若得迎機利用，相安無事，自其所願，無如強國勁旅，可東可西，局勢變化，瞬息萬端。德法邊境既已互築防線，勢難正面衝破；而比之東境，亦築有堅強要塞，其北段恃亞爾培運河以為守。瑞士多天險，不易假道進攻，則西歐防線之最大弱點，有如上文所述，莫若荷蘭林堡省之南部是已。

以是，荷政府一遇歐局緊張，即復慄慄危懼，從事戒備。當前年以波蘭問題歐局萬分緊急之際，荷政府為預防歐戰發生，努力維持其中立起見，於是年八月二十八日即動員一部份陸海軍隊，不幸英法德間戰事發生，荷蘭雖宣布中立，而交戰國乘機進犯領空，荷國船隻亦時被擊沉，均置抗議於不顧。其於英國實行對德封鎖，公海上搜查中立國船隻，扣留運德貨品，損害中立國貿易，荷國抗議甚力。旋以德國大量的實施磁吸性水雷戰術，英乃沒收德之出口貨以為報復，荷國於此，尤指英國之舉動為有背國際公法。荷之謹守中立也，禁止報章作過分刺激交戰國之論調。關於戰事之電影片，並禁放映。十一月八日明興炸彈案，希氏得免於難，荷后致電稱賀，荷外長既親往駐海牙德館慰問，又訓令其駐柏林使節往德外部致意。荷既戰戰競競必恭必謹，至於如此。然德方則仍以其過於服從英國，深致責備，英方則以荷國之能否保全，須視英之是否戰勝而定，於是多方宣傳慫恿其放棄中立，欲荷國暨他中立國起而與英法為一致抗德之舉動焉。

十一月九日，荷外長柯賚芬氏Van Kleffens在第二院演說，對於德以荷之態度為袒英相責備，力加否認。其言若曰：荷蘭與其他中立國，若肯徇英之請，給予保障俾其船貨得免扣留，其事甚易，顧此正荷國之所不願為也。荷外長又云：「吾們不願做英國的工具以害德，正與吾們之不願做德國的工具以害英者相同，吾們態度正常，無可訾議。須知荷人為獨立民族，正如國王威廉第三所云信上帝恃己力以為生者也。」但於此有當附帶敘明者，英既對德宣戰，既將絕對的與相對的違禁品，開單公布，實行禁運。同時為減少中立國貿易之損失，商由各中立國經辦進出口貿易商家特設公司，提出擔保，聲明所辦進口貨品，決不轉運至德國，英方得此擔保以後，不復加以干涉。荷人乃首先組織，荷蘭海外貿易信託公司（The Netherlands Overseas Trust）：其他中立國，如挪威，瑞典，丹麥，瑞士等國，相繼為類似之組織焉。復有所謂"Navicert System"戰時領事簽證辦法者：凡中立國商人於運貨出口之先，預向輸出口岸之英領事或其他英國主管人員，將出口貨品詳細內容承售商姓名，輸貨目的地國名，船名，以及開船日期等項逐項報明，得有證單，持向英國海軍當局呈驗放行，即可免扣貨稽查之煩。此種辦法，自上屆歐戰英國已予實行，此次復推行此法幾及於全體中立國，而荷蘭亦在其中。德方則稱凡中立國接受英國此項辦法者，其對德態度即覺可疑云。

英法德戰事既作，荷、德間與荷、英間之爭執與摩擦乃日增，其性質最嚴重之邊境事件，厥為前年（1939）十一月九日汶羅Venlo案。汶羅在德、荷邊境間為Maat河東岸荷國一小城。有英人斯蒂文斯少校Major R A. Stevens及白斯脫上尉Captain S. Payne Best者。持有倫敦方面訓令。與德國高級軍官在汶羅地方會談。藉以試探兩國間有無和平途經可尋。斯蒂文斯少校為駐荷英館祕書兼護照處主任。此二英人，已與德方派員會談二次。有荷軍官Lieutenant Klop在座參加。是日將作第三次聚談。乘白斯脫上尉汽車行抵汶羅時，即有德方暗探越境開鎗射擊。斃荷軍官，攜其屍體於德境。劫二英人與荷蘭汽車夫亦往德境。越四十日，荷政府向德國提出嚴重交涉，要求滿意解決。並要求送還軍官屍體，及釋放汽車夫。德置不覆。此荷軍官者，聞荷政府所派以探聽會議內容者，兩次會談之後，聞已作成書面報告，送存荷政府。去年二月初。荷國陸海軍總司令Reynders辭職。Winkelman繼任。德方宣傳謂與汶羅案有關。荷外部乃非正式派員往見德館辦理情報事務之隨員，稱德方宣傳為深可詫異，言若德方必持此說，則荷政府不得不公布報告書。德館隨員，不贊一辭而言他。

上年五月十日以前，荷蘭局勢之忽緊張忽緩和者。在前年八月及九月初，同年十一月間，上年一月間，四月間，凡四次。前年八九月間，歐戰初起。德人方猛攻波蘭，西歐獲可相安無事；其後波蘭為德蘇二國所瓜分，德人移兵而西，集中於荷比邊境，荷蘭局勢，乃日見緊張，至十一月初而臻嚴重。於是荷國作種種軍事上準備，取銷軍隊例假，枕戈待旦，儼如大敵之將臨。是月十日至十二日尤為吃緊。其時德方盛傳英法處心積慮將攻荷比二國，是以德軍必須準備進援。而其預定之計畫，則欲一鼓而下Masstricht與Liege。而以法國之Calais為作戰目標。乃至十三日而形勢忽緩和。蓋由荷、比以達瑞士邊境之全線上，德國原作種種進攻準備，而最後進攻命令，則始終未發。或謂進攻之令已發，而臨時變更計劃懸崖勒馬，其說恐未必確。即德人何以不擬進攻，當時種種揣測，不一其辭。有謂德恐進兵以後，受荷、、比軍隊左右夾攻，軍事上將生危險者。有謂英法正欲於別國境內迎頭痛擊德軍，其計為德所窺破者。有謂德恐進攻荷比將引起重要中立國之重大反感者。此皆似是而非之論也。其後時值冬令，日短多霧不利於作戰。他方面則蘇芬之間戰爭方酣，德人目光別有所注，西線戰事遂乃若有若無，亦即亦離，英相張伯倫所稱有史以來最可奇異之戰事是也。上年一月十日，德國飛機一架在比國之Mechelen被迫降地，內有德國陸軍少校一人，攜帶進攻荷比之計劃，急報傳來，荷國局勢之吃緊者，又一次。四月九日德軍突然襲擊挪威並佔領丹麥，而荷國局勢又復加緊。自是日以至於五月十日之變，一月之間，實無日不在戒備中，當於第五篇德侵荷比二國的前夕再論及之。

當前年八月間英德談判吃緊之時，荷后與比王嘗約同瑞典、挪威、丹麥、芬蘭、盧森堡諸國而為從中斡旋之提議未得要領。其年十一月六日晚，比王忽率其外長往海牙見荷后，密談良久，次日發表兩元首聯名分致英王、法總統與德元首之電文，重申斡旋之議。（原文見附件一）越五日，英王覆謂英之所以對德作戰，實以德國不斷的侵略其鄰邦致使歐洲常處於恐怖狀態中，英之用意，無非欲拯救歐洲，出於此種狀態，而使歐洲人民得以保全其獨立與自由，並欲使遇有國際爭端，必以和平方式解決而不許以武力解決，假使德方有和平提議，足以達到此種種目的者，英政府自當竭其誠意加以考量等語。同日法總統亦致覆，則謂非將德對波、奧、捷克諸國，以武力造成之不公平狀態予以彌補後，不得永久的和平。是月十四日，德外長而駐柏林比、荷二使口頭答覆，以兩國元首和平動議已為英、法二國所破壞為辭，認此議為已成過去云。

自比國離荷獨立以還一百餘年間，荷、比邦交，雖恆循常軌，而究未見親善。上屆歐戰，比被德侵，荷守中立，戰後比與法國關係最密，而荷則深以加入任何同盟為戒，直至一九三六年間，比國變更其外交方針，試行荷之自主政策，而比王與荷后後於年前相互拜訪，因而兩國國交益見好轉。要之，荷之於比，亦猶虞之於虢，有唇亡齒寒之相關，歐局愈惡化，斯二國之相互關係亦愈深切，然比、荷二國，始終不欲訂軍事同盟。即十一月間荷后、比王會談之後，仍未聞有正式共同防禦之謀。此則就軍事言，在Waal河之南與亞而培運河之北，其間最為易受敵犯，荷、比二軍，若受敵重兵壓迫勢，必南此分道撤退，是以共同作戰，極感困難。若就政治言，荷、比兩國看法，從令兩國成立軍事同盟仍不足以禦強敵，而先予強鄰以口實，易啟糾紛。蓋年一月間事態緊急之時，德人已警告荷國不得與比國合作，是則同盟之利未見而弊已先乘之。且夫此國被侵彼國幸免，此種心理或亦人情之所同具耳。

該此種幸免心理對於國家前途究多危險。故荷蘭前任首相，柯冷博士，於上年一月間獻議荷政府，欲向英國商洽共同禦德計劃，同時並與德國商洽共同禦英計劃，彼之看法，以為荷國處此危局，必有求援於他國之一日，顧現代戰術千頭萬緒，必須與理想中的友邦，早為接洽準備，方可臨事得有效之援助，此如友軍之登陸或駐兵應於何地，又如友邦飛機應停何處機場，種種問題，均須事前早為商定，即不得不預有接洽。其時荷之當局，深恐若與一方在國防上有所接洽，必將啟對方之疑慮，而促成侵略之禍，故對於柯冷之主張，不敢採用。至於此議若行，究竟能否阻止侵略減少，危機則可未可知也。

（四）荷國內部情形的複雜

荷蘭人素以歐洲之中國人稱，為愛好和平的民族，思想合乎中庸，極左極右，均非所尋，顧大體尚保守，趨於右端。屬於右派之三大政黨，即羅馬公教黨"Roman Catholic"、基督教國粹黨"Anti-revolutionaries or Calvinists"、基督教傳統黨"Christian Historic"常握政權，並佔國會中大多數席次，然荷蘭政黨多於過江之鯽，自不免有極左極右之偏，極左者有共產黨，極右者有國社黨，荷之國社黨在工程師慕搜脫A. A. Mussert領導之下，於一九三一年終成立，其時世界經濟不景氣，影響及於荷蘭，在全國人民頗悶的狀態中，此黨此建樹強有力政府為號召，得以應時而生，初雖風行一時，繼而漸歸闃寂，蓋是黨雖於國會上下院各佔四席，而前年四月間省議會改選時其所得席次，較之前二次選舉，減至百分之五十以上，其勢力之消長於此可知。四年前荷總理柯冷博士嘗說：莫斯科與慕搜脫，一為魚頭，一為魚尾，均當割棄以留魚身，此說還以代表荷蘭人之一般心理也。

一國當太平無辜時，即使有傾向他國之分子，亦無所施其技，但當國際風雲變幻之秋，此輩縱未必即有勾結他國行為，而外之受外界勢力的蠱惑，內之與本國當軸生摩擦、言語行動，往往足以為本國患，曠日彌久，為患彌深，一旦本國有事則遂蠢焉思動，而其禍乃不可收拾矣。

荷之國社黨其政治上的主張，與德國現政府氣味相投，自不待言，由其本黨的立場觀之，彼之傾向於納粹或法西斯蒂制度，要無異於他黨之傾向於德謨克拉西democracy，決不自承有絲毫賣國行為，況荷人愛國觀念，原不後於他人，顧以有文字血統關係，其親德成分，自多於其親他國者，此固不限於一黨一派也。他方面德人之居荷者，為數亦至眾，平居好採訪駐在地政治國防經濟，以及其他一切情報，以貢獻於本國，備萬一之用。若由其愛國的立場而觀之，亦斷不自認有絲毫政治作用也。然在局勢危急戰禍將臨之際，凡有賣國間諜行為，要為輿論所不許，法律所必繩，然以荷蘭民治政體發達，人民之寶貴其自由，有過於其生命，加以政府力避過分刺激鄰邦，免貽口實，故對於擾亂分子，取締處理，兩皆從寬。

當歐戰初起，此種案件，初無所聞。十一月間。有荷人同謀大規模的偷運荷軍服往德案被查破。有荷國國社黨人，查有關係，停止黨籍。並有荷軍官一人及德人四人被捕。

十二月初，有經濟部及社會事務部高級職員各一人，因有助德為間諜工作嫌疑被捕經四閱月之審問，社會事務部職員，被判處二年又八個月監禁，其妻以共同犯罪，判處十八個月監禁。經濟部職員，二年監禁。

去年二、三月間內部間諜工作乃大盛，有用祕密發音機向德國航空人員報告氣候者，亦有向德國傳遞軍事上暨其他消息者。

至四月初德攻挪威以有叛徒Quisling為內應，德之進兵佔領，極為得手。故荷用對於內部搗亂分子的活動，更加以嚴厲的取締，曾擁國社黨機關報National Dagblad主筆，勒令停版，並搜查第二院國社黨議員Comtede Merchantet d'Borsambourg之住宅。又將同院該黨議員Rost van Tonninger與其他二十人同時拘禁。Rost van Tonninger者曾以整頓奧國財政問題，代表國聯，駐在奧國嗣加入國社黨，擔任該黨機關報National Dagblad主筆，一九三七年當選為第二院議員，多所搗亂，其次以違章被禁止出席，英國輿論界稱之為荷國之Quisling是也。荷總理宣言，則謂此女一人之被拘，不因其政治上之見解，乃因其有危害國家安全並動搖維護中立決心之故。

荷蘭被侵之前數日，慕搜脫宣稱，德若攻荷，我國社黨人，既不在軍政各界服務，自惟有袖手旁觀。又謂：此次歐戰若英法得勝，則吾黨即無立錐地。慕氏之說如此，然其言論行動自由，未聞加以限制。

迨五月十日之變，國社黨人於海牙及其他大城市，到處騷擾謀奪機關，鎗擊本國兵士，激起巷戰，以致發生恐怖狀態，雖與德軍尚無表裏相應之跡，德人亦後加以否認，然其乘外侮憑凌造成混亂，以速崩潰之禍，要為事實。

顧事後黨支部於六月十三日在阿姆斯得達姆開會，則謂戰中黨人被拘禁者，不下數千人，身體自由既經喪失，焉能有通敵賣國之行為。下院議員H. T. Wondenberg又謂戰爭一發生，吾人即失其自由，是荷蘭事實上已完全變成英國殖民地，戰後荷蘭為德國所有，吾人反恢復自由，故吾人寧為德國臣民，不願荷蘭作英國殖民地。

先是，德人於佔領荷蘭後力避與荷國社黨人有露骨的合作。誠以極端主張，本不合荷人性情，而國社黨之所為，後為國人所厭惡，德人方欲得荷人之歡心，故以冷淡態度對國社黨人，比如黨機關報National Dagblad於戰前數日，被勒令停版，迨德軍進海牙，其經理請德司令部恢復出版，則告以當往與本國官廳接洽，即其一例。又自荷國被德軍佔領後，亦未聞有此黨人擢居要職者。迨至十月初，黨魁Mussert偕黨員Van Gelkerken與Rost van Tonninger隨同德國派駐荷蘭民政長官崔心誇Seyss-Inquart往謁希氏於柏林。希氏接談良久。此三人者，德方認為對於其本國前政府之錯誤，有徹底的覺悟，而對於本國之前途有準確的認識者也。

（五）德侵荷比二國的前夕

四月九日，德軍不遇抵抗，佔領丹麥。同日以武力佔領挪威京城奧斯洛既其他海口。英派海陸軍來援，法亦酌派軍隊參加。初於Narvik那維克港海戰得利。那維克港為瑞典生鐵運德經行之地，英國嘗於挪威領海敷設水雷，以阻運，而挪威正向英力爭者也。德軍於Skagerrak渡海，固遭重大犧牲，然以有空軍掩護得以大量飛機，載運大軍，陸續開抵挪威。英之在挪，既無空軍根據地，僅恃海軍之力，莫能阻止。旋徇挪威政府之迭次請求，英軍在挪威西岸兩路登陸，擬欲夾攻Trondheim作為挪威政府行都及抗德根據地，終以德軍進展神速，加以空軍猛擊，英之計劃，全歸失敗，英法聯軍僅得撤兵渡海而退，此距德軍之初占奧斯洛未及兩旬耳。

德之初攻挪威也，英人認為此係希氏在政治上及戰術上之重大錯誤，可與當年拿坡崙之攻西班牙而遭失敗者比。加以蘇芬之戰，英法本於一月杪決定派兵援芬，卒以瑞典挪威兩國嚴守中立，不允過軍而罷。今德既已侵挪威，聯軍即可派兵痛擊，以他領土為戰場，而打開沉悶的戰局。其貨運之沿挪威海岸以達德國者並可加以禁絕。在聯軍方認為局勢之好轉，不意軍事既全遭失敗，聯軍聲望大受打擊，英國內部發生政潮，國會嚴重質問，首相張伯倫因以去位，而德人遂於此時進兵西線矣。

蘇、芬之戰，瑞、挪守中立，已如上文所述。及德攻挪威，瑞典仍謹守中立如初，瑞典非但不援挪威，如英國之所期望，及與德國作進一步之接近。迨英軍登陸失敗，則其一般論調，一如其他數小國，均歸咎於英之不能切實援助挪威。

於時西歐諸小邦咸皆惴惴不安，有朝不保暮之感。荷蘭既已加緊邊防擴大戒嚴區域至於全國，並取銷軍隊一切例假，其在假者概令即時歸伍。雖全國形勢，又頓見緊張，而政府及人民仍多力持鎮靜。報章論調，則以上屆歐戰軍隊取銷例假，至六十次以上，今則僅第四次耳；且以比國此次並未取銷例假，引以為慰。惟荷政府同時派其駐美公使A. Loudon為總出納員，以備於此要時發給荷國駐外官員之俸薪，實為非常之舉。

至當時形勢之所以極端緊張，其確實理由，蓋以五月六日左右得到確息，謂德外長Von Ribbentrop方擬最後通牒稿，將於七日（星期二）派專差二人分別送致荷、比兩國政府，荷既得訊，加緊戒備，然星期四猶未見專差抵荷，而德人宣傳力稱警報之來，多由於英人暨他國之揑造，且極言德無侵略他國意思，則以為危機復過形勢較見見緩和，而孰知次日侵略之變起倉卒也。

（六）德攻荷蘭五日間荷國軍事政局的變化

一九四〇年五月十日

先是，德軍奉命於是日晨五鐘半，進攻荷、比二國及盧森堡。然三鐘左右時，軍隊實已開始前進。而飛機之過荷境，則更在其前。是時海牙城中人民咸於夢中驚醒。聞空中有巨型飛機聲，其聲頗重，非所習聞。更有高射礮與機關鎗聲齊作。雖空襲警報，至午前十一鐘始發，此時固無所聞。而居民已知有變端，莫不披衣而起。但見德機飛翔成隊，高射礮彈，煙藥滿天。初尚群集窗前觀望，俄聞投彈聲，並見有敵機中彈被焚落地，乃始有走藏地下室者。其他重要城市情形，大致相同。旋聽女后布告，以德軍無端來侵，致切實之抗議。而歎戰禍之真臨矣！

德國跳傘部隊所降落之城市，除海牙近郊而外。餘如北方之Frisian Islands，南荷蘭省之Delft及Dordrecht兩城。尤其是Moerdyk長橋附近，降落不少。是項部隊之目的，在於深入腹地，擾亂後方，圖奪鐵路橋梁與飛機場等。其主要飛機場，如鹿埠之Waalhaven，阿埠Schiphol，海牙之Ipenburg，一面被轟炸，一面亦有為跳傘部隊所占奪者。鹿埠Waalhaven機場既被奪，未幾即有水上飛機若干艘，載正式軍隊，降落於市中心之Nieuwe Maas河中。將鐵路橋，及其旁橋各一座，與兩車站以及附近地段，同時佔領。而跳傘部隊下降最多之地，厥為Valkenburg城。Valkenburg為歷頓Leiden西北一小鎮，附近有飛機場。是日跳傘兵降落者，二百六十人。荷軍從附近Oestgust開礮射擊，毀教堂民房甚多，兵民死傷枕藉。

跳傘兵死六十人，傷八十人。其餘，或被俘虜或散匿民間。其埋於教堂前面空地者，有屍四十七具，中有兄弟二人，同時殉難。英方傳說德之跳傘軍隊，有上次歐戰，德人流落荷蘭所生小孩，窮無所依，荷蘭人撫養成人者。又聞有穿荷兵軍服者，亦有扮成傳教師、農夫、尼姑者。亦有先降假人，乃降兵士者。各種傳說，不一其辭。若就荷蘭言，此中固有久居荷蘭，善操荷語之德國青年，藉作鄉導。亦有傳教師下降，則其使命在於勸降，仍盡其傳教師之職務，固不在跳傘部隊之列也。

陸路方面德軍分南、北、中三路進攻。荷軍按照預定計劃，聞警即炸毀Maas及Ijssel兩河橋梁若干座。終以德軍攻勢極猛，其機械化部隊之前進，如耨之薙草，所向無敵，莫能阻禦。則Roermond城及Maastricht要鎮，相繼陷落。林堡省全省被蹂躪。同時跳傘隊到處活躍。Dordrecht既下，德人遂進至Rotterdam近郊。中部則德軍於晨八鐘進境約十五公里，佔領Ijssel河南岸之小城。越三句鐘，又佔領Arhnem與Niemegen。荷軍遂撤至Grebbe防線。德軍轉戰進逼，集中兵力，猛攻Grebbe線南端之Grebbe城。惟在東北邊境，則兩軍尚能相持。其英法二國，因荷比之求援，聞警即派軍隊，於六鐘左右，開始向比境開拔。顧是日傍晚，行抵荷境者，僅有法軍少數騎兵。於Bergen op zoom地方，與荷軍形成聯絡。同時得英機之助，主要飛機場之已失者，除一處外，餘均於是晚奪回，擊落德機，至少有七十架。德國鐵甲車被毀四輛。

德軍既於是日晨三鐘開始進攻，其駐海牙公使Count Julius de Zech-Broekersroda，則於六鐘往見荷外長柯賚芬氏E. N. van Kleffens，送致最後通牒。稱德人已以大軍進攻，所有抵抗，均屬無濟。荷蘭若不抵抗，則德國對於荷蘭在歐洲暨海外國家產業，以及王室，可予保證。否則其國土與政治地位，將發生完全毀滅之危險。因此勸告貴國，立刻曉諭全國軍民，並與敝國司令長官接洽。又稱德國獲到確據，英、法二國，即將侵略荷、比、盧森堡三國，以進攻德之羅爾區域。此項進攻計畫，早經準備，為荷、比二國所知悉各等語。荷外長答云：所稱荷國與他國訂約，謀與德國不利，此種推測，荷政府憤然否認。茲德國既已無端侵略，則荷德已成交戰國矣。

荷后於告國民文云：「幾月以來，吾國謹慎小心，嚴守中立。吾國除守中立外，不作其他企圖。乃德軍並無任何警告，突於昨晚來攻。德嘗鄭重聲明，謂我若保守中立，彼此予以尊重；今竟自食其言，德人之失信背義，實所罕見。舉凡文明國間所應遵守者，盡皆蔑視。余因此提出切實抗議。余及余之政府，自必盡其職責。凡爾國民，不問在何地方，亦不問在何種情形之下，亦應審慎從事堅忍不拔，坦白乃心，各自謹守厥職。」

德國宣傳部長Goebbels作廣播宣傳，說明決定進攻荷比二國之理由，大致如下：

（一）自戰事發生以來，荷比二國報紙之反德態度，更甚於英法二國。雖經德國提醒，終不改變。（二）英國得荷比二國軍民機關之幫助，在各該國內祕密工作，企圖鼓動德方革命，藉以推翻現政府。（三）荷比二國軍事上之準備，足以証明該二國真正用意之所在。（四）例如比國僅於德國邊境建築礮壘，而毗鄰法國之處則無之。事經德方迭次交涉，比國雖允將此不平等狀態除去，而事實上依然如故。（五）荷國沿海一帶，亦不設防。自戰事發生後，英空軍幾乎每日經過荷蘭，飛至德境。此種侵犯領土行為，至少有一百二十七次。業經確實証明，並經德方通知荷政府在案。實際上則尚不止此數。（六）荷比二國之動員，專係對德。（七）當荷比集合軍隊於德境之時，德國對各該國邊境，並無軍隊。他一方面，則有英法雄軍，駐在比法邊境。（八）德政府獲得文件，証明英法取道荷比領土以攻德國之計畫，業將準備成熟。（九）德雖屢請比外長注意此點，迄無變更之處。反之比國國防部長，竟在比國會宣言，自認英法比三國參謀部，關於共同攻德之計畫，業經完成。（十）假定荷比二國，以受英法逼迫自辯，仍不成理由。況辯論終不足以變更事實耶！

是日荷外長柯賚芬氏，偕同殖民部長韋爾脫氏Ch. J. I. M. Welter，乘飛機往倫敦。晚間荷外長在倫敦作廣橫演講，略稱本人與殖民部長來英，代表政府向奧國政府，謀密切之聯絡。吾國擁有廣大殖民地，資源甚富。吾們目的，在於打倒德人之侵略政策。荷國願貢獻其資源，以期達到吾們的共同目標。吾荷人抱有不屈不撓的精神，航海飛行，均所擅長。自必盡最大努力，繼續抗戰，以至共同勝利之日為止，云云。嗣荷外長偕同殖民部長，後赴巴黎一行。越五日，德軍佔領荷蘭。荷蘭全體閣員往英，二君迄未能回荷也。

十一日

是日，海牙城內，國社黨人到處騷擾。兵士追擊，造成混亂的巷戰，有襲奪王宮及郵政總局的模樣，曾往襲警察總局而未成。德、荷二軍，並在鹿埠混戰。其南，則二軍發生激烈接觸，荷軍向Bois-le-Duc與Tilburg線撤退。法國軍隊繼續向比荷北上。有機械化部隊一師兵，開抵Tilburg，英則派兵四十百人到荷。其中一百五十人往Ijmuiden，欲毀水閘，為其地市長所阻，僅毀小閘一二處。餘二百五十人於Hook of Holland登岸，欲開抵海牙，則告以海牙無須乎此。其時鹿埠適值作戰吃緊，請往助戰，則以未奉令答覆，仍上船返英。至其空軍，則繼續活躍擾亂敵人交通線。然德軍在比、荷二國邊境，猛力推進，卒能奪得Eben-Emaal礮台，過Meuse，並渡Albert Canal，而向Liege前進，Eben-Emaal礮台，為Maastricht與Liege間之新式要塞，實為Liege防線之鎖鑰。初則德空軍向該礮台猛擲重量炸彈，嗣即下降跳傘部隊，礮台遂為所得，比軍即晚向西總退卻。

十二日

德軍佔領荷蘭東北部Friese及Groningen兩省後，直下須得海東岸之Harlingen

城，並佔領須得海東岸，衝破Grebbe及Peel兩防線。其在鹿埠德人，後得第五縱隊Fifth Column之響應活動，南從Maas河，向市中心前進。海牙城內，仍有巷戰。然法方公布，猶謂是日荷方形勢轉佳；則以海牙及鹿埠北區之德國跳傘隊，均告肅清；而荷比邊境之Breda城，法軍扼守，未為德軍所攻故也。

十三日

德軍渡Ijssel及Maas兩河西進。其在鹿埠城中之德軍，雖經肅清；然鹿埠南區，仍在德人手中。且德軍從荷蘭南部前進，佔領Moerdyk長橋區Hollandse Oiep，抵萊茵河邊，與原在鹿埠之德軍，取得聯絡。因而繞出荷蘭之主要防線，造成不可收拾的局面。惟是日跳傘部隊下降者不多，降即消滅。前數日下降之部隊，迄有未經捕獲者。其在North Brabant省，法軍與德軍發生接觸。然德軍自比國Ardennes森林，長驅南下，直逼法境。法境內Meuse河各橋，雖經炸毀。但德軍用橡皮汽油小艇渡河，架起已毀橋身，衝過坦克車。空中並有飛機掩護轟炸。法軍人人自危，軍心動搖，Sedan遂為德人所得。同時比國局面，亦極嚴重。要塞雖尚未失守，然德軍繞道而西，進逼白魯塞爾，相距僅七十英里矣。

是日上午，荷公主率其二女，由Prince Bernhard親王，伴往倫敦。其所乘之英國驅逐艦，幾為磁性水雷所中，相距僅四十碼耳，旋荷后亦率其侍從女官數人，由Hook of Holland乘英國驅逐艦避赴倫敦。樞密院副院長貝拉此Jonkheer F. Beelaerts van Blokland奉命隨行。先是德軍奉命生擒荷后暨全體閣員，以便劫持屈服。欲於侵荷之第一日二十四鐘點內，平定荷國。故荷后所居宮園內，嘗有跳傘兵降落。王室中人偶從窗邊窺望，或進花園，即有人向之放鎗。至是防線既被衝破，德軍三面進逼，造成包圍形勢緊急萬分。荷內閣因勸請荷后，速離海牙。荷后初尚欲乘本國軍艦暫避Zeland南部。嗣則接受英王英后之邀請，乘英艦赴英。以恐德空軍追蹤轟擊，事前祕不使人知，亦始終未通知外交團。直至傍晚聞無線電台報告，則謂荷后已於即晚安抵倫敦。次日，駐倫敦荷館發表宣言，有女王滿擬從早回國，與人民共患難之語，十三晨聞有英驅逐艦六七艘駛抵荷國海岸，即所以分載荷后公主，暨荷政府全體閣員，以及英國使領館人員，與交戰國數國使節等往英。尚有阿埠金剛鑽廠存鑽，亦以驅逐艦運往英國，約值五百萬英鎊之譜云。

十四日

德軍衝破Grebbe防線後，直向Utrecht推進。南則佔領Roozendaal，開抵鹿埠。北則Ijmuiden被轟炸，阿埠後有跳傘兵降落。海牙城內，仍有混亂狀態。

午後，鹿埠市中心被轟炸。緣鹿埠自十日德軍降落以來，先後五日，無日不在雙方爭奪中。依照德人看法，該埠荷軍既已對德軍頑強抵抗，即失去「不設防城市」性質。十三晚間，德司令遣荷蘭牧師往勸荷軍投降，告以繼續抗抵之利害。荷方不報。次日復遣德人勸降，並以三個鐘頭為限雙方磋商，時限瞬過。既而荷司令決以城降，德方則以為決定過晚。雖陸軍攻城之舉，固可擋住。但有轟炸機兩小隊共十四架，業已昇空，認為無法追回，因仍於午後一時左右，開始轟炸。向市中心投彈六七噸，被毀之區，約三方公里。大建築物如兩車站，大戲院，百貨商店等，均毀焉。獨鐵路橋及旁橋各一座，近在咫尺，毫無受損。茲據上年底駐荷德國民政長官署所發表該區用一萬至一萬五千工人，以卡車二千輛不斷的從事掃除，是年底可以竣工。其平民死傷之數，德國官方公布共三百人。駐法荷館，則稱平民死者，至少十萬人。就事實言，截至上年七月中為止，從頹屋廢赴中掘起之屍身，計有一萬五千具。此次德荷五日戰事被炸最烈之區，即為鹿埠市中心。顧聞諸德人，此尚為第四類之轟炸。若倫敦巴黎等處，則將以第一類轟炸相加云。

荷總理偕同全體閣員抵倫敦後，陸海軍總司令H. G. Winkelman布告，聲明政府他遷，藉以保全其行動之自由。荷后在倫敦亦發表布告，大旨稱：「余及余之政府，因在本國既絕對不克行使職務，始遷移政府，至於外國。此事雖可痛心，實屬必要。一俟有可能時，余將仍回本國。現在政府已遷至英國，藉可避免以政府名義降敵。但荷蘭領土之仍在荷蘭人手中者不問其在歐洲，或在東西印度，自繼續成一獨立國。在各國間，尤其是在聯軍國間，得以發揮其意旨。至於軍事方面，現應如何布置，則由軍事當局，受陸海軍總司令之指揮，酌定之。凡敵人所至之處，其地方民政當局，應仍盡力保護人民利益，尤以維持秩序，與力持鎮靜，為第一要義。當茲時局艱難，余心常在吾國人。但願上帝救助，俾荷蘭得以光復其歐洲領土之完整。猶憶前數世紀，荷蘭迭遭國難，卒獲中興，此次當亦如是。凡吾國人，切勿頹喪自沮。爾等當視國家利益所在，加以努力。余亦盡余之力，特祝祖國萬歲！」既而荷總司令復出布告，謂：「因戰局之推演，使女王及其政府不得不決定他遷。緣荷蘭王國，其疆域本不限於歐洲。數百年來王國之所以見重於世界，實由於其海外屬地。政府職責在於統治所有領土，豈得以敵軍猛進一隅，而自陷於絕境。況在國外，得與聯軍國發生密切接觸，相機處置，並足以兼顧祖國利益，故荷蘭仍歸其合法政府統治。本總司令在此，乃為其最高代表。所有各部暨各省市政府，均照常為人民盡職服務。敵方宣傳謂荷蘭人民為其當局所棄，此說絕對不確。值此萬分艱危之際，凡吾國人，務宜安堵如常，亦猶軍隊之當繼續衛國也。」

十四日上午，荷總司令向德軍求和。在鹿埠東南附近一小城，名臘蘇Rijsoord者，雙方相晤於某學堂內。約九鐘半時，德軍司令率其部屬，先抵彼處。因派軍官數人，往鹿埠橋旁，候接荷總司令，嗣見有懸白旗之汽車，自市中心向南開到，隨於其後者，即荷總司令，帶同軍官三人所乘之汽車。雙方遂於學堂會面，聽取投降條件。自十鐘一刻起，至十一鐘三刻，而投降之方式議定，荷總司令乃返海牙。先是事變初起，駐荷德使Von Zech被軟禁於海牙城中Hotel de Indes，並未送回德國。是日午後七鐘，荷軍官Schuurman往晤德使，宣稱荷國軍隊除在Zeland者外，願向前進之德軍投降。同時荷總司令因德館航空參贊Wenninger之介紹，亦請德使轉請德軍部派全權代表來海牙，以便商洽維持秩序與治安之方法。至傍晚而停戰消息，傳布全國。一般居民，頗有喜形於色者。即晚荷軍在海牙、阿埠，及他處將軍用品、車輛存油、盡量毀壞。次日上午十一鐘，德荷兩方正式簽訂停戰條件。午後德國機械化部隊，及摩托部隊，開抵海牙，阿埠Haarlem等處。軍容整齊，器械完備。兵士年富力強，極有精神，無趾高氣楊之概。道旁行人，視若無覩，毫無敵視表示，秩序甚好。間有婦女以糖食饋德軍者，則居少數也。

雙方既停戰，荷總司令遂於十四日晚，對國人廣播演講，大旨謂：「諸君方才從廣播電台，聽到最嚴重之決定。余今向諸君親為解釋，吾們現不得已而停戰。原來吾們抱定宗旨，保衛祖國到底。但余以陸海軍總司令地位，接到所有消息，深知事至今日，實已到底。吾們士卒戰鬥之勇，足傳不朽！然此番戰事，以吾們力量與德方相較，相差太遠。吾們以血肉之軀之勇，應付彼方技術化的戰略，究屬無濟。蓋戰士之因爭本國自由而死者數千人矣！以空軍言，所存既如是之少，再難幫同軍隊作戰。即防空部隊，奮勇竭能，以盡其職務，至於今日，欲以抵禦占有優越地位之德空軍，其效能亦屬有限。其他防空設備，情形相同。因而荷軍受德空軍猛烈轟炸之危險。且不獨軍隊為然，即在平民，以婦女孩童言，因空戰而殉難者，為數頗夥。吾國人口既極稠密！城市星布，一有空戰，即難辦別孰為軍事目標，與孰非軍事目標。本日下午鹿埠為德空軍所襲擊，飽嘗全面戰爭之悲慘結果。倘不停戰，則烏埠Utrecht暨其他大城市，亦即慘遭同樣命運。吾們既祇能靠自己力量，而已力又不足抵禦強暴，則將何以保存我國家及保全我居民。余故不得已而決計停戰矣！余因知我國人聞訊，必多發生深刻感觸者。但爾等須知，余目前代表荷蘭政府。余不獨有權為此決定，且環顧目前形勢，為人民利益計，余則必須如此決定也。在余深知為人民利益計，此種完全力不相等之戰爭，應予放棄，藉免無辜人民，更受犧牲。凡知我職責所在之人，當了解此種決定，在余為何等痛心之事。然舍此而外，要無他途可尋矣！今請國人值此艱難困苦之中，仍置信念於吾人不可毀滅的力量與信仰。此次戰事，為時雖短，厥禍甚烈。現既遭逢新局面，亦應如當年獨立之戰役，亦勇亦毅，以渡過此難關。總而言之，爾等務須置信念於方來是也。現在務須謹守秩序，力持鎮靜，蓋此為重建吾國之第一要圖也。特祝女王萬歲！祖國萬歲」嗣荷總司令復發布告勗以各安厥業。對於德國軍隊、軍營、軍用品，均不得有任何敵對行為，致遭德國法律嚴厲之處罰。

此次荷德戰事，荷海軍除礮船幾隻被毀外，殆無損失。由海軍參謀長Vice-Admiral J. T. Furatner帶同全部艦隊，開往英國參加英海軍作戰。其空軍除水上飛機外，則已全毀。飛機師死亡者不多。其後英機每晚來襲，荷蘭飛機場及油庫等處傳聞頗有荷籍機師駕駛。至於陸軍損失，據十五晚駐英荷館發表宣言，謂喪失十萬人。但依照德方統計，荷兵死二千百九十人，傷六千八百八十九人。後有私人統計，則謂德方死傷十五萬人，荷方一萬七千人。當停戰時，荷國南部軍隊有加入比軍者，亦有退往英國，編入聯軍，共同作戰者。德既佔領荷蘭全體，獨Zeland一隅，以有法軍從Brabant轉戰至其地，故仍繼續抗戰。至是月十七日，荷軍先降一部分，法軍由海道撤退。又數日始完全結束。Zeland戰事極烈，雙方死亡甚多，屍體遍地。省城Middelburg之省政府公署，及其他大建築物被毀，荷人頗引為憾事云。

是月十七日，荷外長於巴黎廣播演講，重申荷蘭抗戰決心，至達到最後勝利為止。二十四日荷后在倫敦宣言，亦謂荷后離開本國，正所以自由領導國民，以便繼續抵抗云。

（七）荷蘭本國之前途

依國際公法言，軍事上之佔領並不將被佔領國之主權，移轉於佔領國。故在佔領期內，被佔領國之政治機構，往往盡量予以保存。即第三國之使節，亦仍得繼續居住，保持其固有的外交上之地位。關於被佔領國之一切問題，非俟和約成立，不能確定。換而言之，則被佔領國的主權之是否轉移，其政體之是否變更，以及其獨立之是否喪失，種種問題，仍須視軍事如何結束以為斷，此乃純粹的實際或實力問題。然而國際公法之論斷，原為事實推演的結晶。若就佔領國，對於被佔領國政治上之布置，暨其他設施而觀之，並證以軍事演變的趨勢，為一切推斷的關鍵；宜可窺測佔領國之計畫若何，與其計畫實現之可能性若何，亦即可推知被佔領國之前途若何。茲試將德國佔領荷蘭以後，所為種種設施，及所取態度，擇要臚列。而以歐戰造成的環境與趨勢作為樞紐，分別假定德國戰勝，或英國戰勝二端，藉以推測荷蘭本國的前途。則雖不敢認為確定，亦不欲妄作預言，或可因而窺見一斑乎。

德軍既佔領荷蘭之次日，即五月十六日，將荷蘭鐘點提早一句鐘四十分，改成德國鐘點。發行德國昭信特種票Reichskredit Kassenscheine，以一個半馬克，換荷幣一盾之比率，定為荷幣以外之法定貨幣。同時德軍總司令出安民告示，聲稱荷蘭被佔領區域，現歸德軍部管轄。德軍部當為必要之措置，以保持軍隊之安全，並以維持秩序與治安。倘居民相安無事，則德軍必尊重其生命財產。又現有各機關倘能與德方誠意合作，則必予以維持。因勸居民各務所業，安諸如常，恪遵軍部命令，勿作任何敵對行為，致因少數人之不負責的動作，累及全體居民云云。

五月十八日德國元首希特勒下令將荷蘭軍民事務，由軍民長官，分別處理。關於軍事方面，由駐荷德軍司令負責。其關於民事方面，則特設民政長官一人，稱為「荷蘭被佔領區德國民政長官」Commissaire du Reich pour le territoire hollandaise oecupé（直接受元首之指揮，駐節海牙，執行職權，為行使職務上之必要時，並得調度德國警察與荷方官廳。至關於司法方面則荷蘭現行法律，繼續有效，但以適合軍事佔領之狀態為限。此外民政長官並得須布命令，與法律有同等之效力。因派崔心誇氏Arthur Seyss-Inquart為荷蘭被佔領區德國民政長官。崔心誇奧國人，德奧合邦時代曾任奧政府閣員。合邦後，被希特勒任為奧省長，同時任德政府閣員。波蘭被德軍佔領後，又嘗任為波蘭被佔領區代理總督者也。

荷政府全體閣員離荷赴英後，其各部祕書長以下人員，均留海牙，照常供職。海牙既被佔領，則成立「祕書長團」Collége des Secrétaires-Généraux。其職務僅在於調整屬於次要性質之工作，至稍關重要事項，皆須送由德方辦理。此項組織在德方視為一種承轉機關。其在荷方，則尚有認為不絕如縷的國家生命所寄託者。荷政府原有十一部，連外交部均仍存在，但各部咸失其重要性，外交部，尤無事可為。初被佔領時，外交團有事接洽，仍往商諸荷外部，然荷外部僅能對於次要各事，如銀行提款，及汽車用油之類，為各國駐使設法辦妥。至如各館與本國通電報問題，以及其他重要事項，則荷外部亦認為必須向德方商洽。此際所謂德方，初時即為駐海牙德國使館。德館裁撤以後則為德外部所派之駐荷代表白奈Bene。白奈者，初居倫敦，業香料商。旋德外部欲派為駐英某地領事，英不允，乃派為駐意大利之米朗城領事。至是以公使銜，派供此職，設辦公室於荷外部原署。荷外部則初遷殖民部，嗣移國會第一院。蓋自德軍進佔海牙後，各機關往往被迫他移，其檔案亦為德方所搜查云。同時荷軍總司令，得德軍總司令之同意，委前任水利部祕書長工程師J. A. Ringers為戰後建設委員。

五月二十九日崔心誇在國會大禮堂Ridderzaal，行就職典禮儀式隆重。荷政府各部祕書長，亦均被邀參加。崔作長篇演說，其中德國對於荷蘭之意嚮態度與抱負，無論精神上、政治上、經濟上，均有明顯的表示。

「各位司令，黨軍政各位，同志各位，

現在依照吾們領袖的意志，將荷蘭最高民政權移交於鄙人。我德國民族之二三敵國，抹煞一切中立原則，意欲以荷蘭為出發點，襲擊我國工業區域的中心，故德國不得不出而保護此邦。其事經過，刻尚未及三星期也。

緣西歐諸國，所望既絕，一切計畫，後全歸失敗，則其不擇手段，而欲出此一舉，為最後之掙札，自已明瞭。

如此，則荷蘭執將成為血戰最烈之區。其戰事之激烈，與毀壞之程度，較之目前在Flanders及法國北部，我軍奏捷之戰事，勢將超過之矣。

即以目前而論。類吾領袖之寬容大度與德軍之強盛，已能使此邦公共生活，恢復常態，除為適合特殊場合所必須外，對於日常生活，並未有若何干涉也。

今鄙人值此遵照大德意志國領袖兼德軍總司令之意願，接受荷蘭民政權之際，昭告於爾荷蘭人民。蓋卻人所亟欲說明者，即吾德人之入荷蘭也，與其兵戈相見，毋寧握手言歡。此雖吾德人戰必勝攻必克，而始終不渝也。於此可見此時所有禍害，以及一切破壞，均當由不識時務之人，負其責任。則觀於上述一端，而足為歷史上之鐵證者也。

德國民族現作最後之奮鬥。民族存亡，於焉斷定。歐洲各國或各政府中，尚有不願明瞭於八千萬德人之在今日，已成為強有力及極端統一的國者。於此八千萬德人，是生存的，而且永永生存。為爭生存，爭前途而奮鬥。

德國民族之二三敵國尤其是敵國當軸，及政治上負責諸人，處心積慮，欲將德國民族分裂、毀壞，而滅亡之。此種計畫，並已成熟，此乃今日舉世皆知之事實也。

《凡爾賽條約》在全世界目光中，永為痛心疾首的一件事。蓋使數百萬德人，強離祖國，又別有數百萬德人，欲回祖國而不之許；及以投諸文化程度較低之異族手中，虐待時加，藉以摧殘其德國民族之特性，此《凡爾賽》是也！又使德國民族的狹窄的生活範圍，但見感觸並剝奪此生活範圍內之天於資源，亦此《凡爾賽》是也，故我德國民族，已知此次作戰之目的安在，無須乎張大其辭。如《凡爾賽》的繼承者之欲以第二《凡爾賽》相加，因而變本加厲也。

然所謂變本加厲的《凡爾賽》作此幻想，適以自暴其罪，吾德人東西受強鄰之侵略，無以自衛。蓋吾德人，西則受法人之蹂躪，東以抵勁敵之來侵，數百年於茲矣。所幸賴有德國民族的血統，使吾人既具創造精神，後有勇力，因而在荷人方面，造成好的航行家與商人。在德人方面，造成全世界最精銳的軍隊為生存權而奮鬥焉。

有人嘗作此語：『德國民族中，有二千萬人太多了！』此人所做事業，在吾德軍的礮火烈焰中，固已雲消煙滅。而其所說，則為怨恨我國之最後遺毒，猶在吾人之耳鼓中也。請問自命為足以判斷德國之諸國，倘聞人說德國現時生存的人口中，每四個人有一人太多，應予消滅。試問此語應作何解乎？若有一國，聽到這種挑釁的呼聲，而不力自振作，使他人永遠承認其生存權者，非國也！

吾們德國人，在希特勒領導之下，趁上屆參戰人物尚在之際，定當逐起直追，為一勞永逸之計。使吾人之生存權，決不再生異議。吾人必將使此權成為不可侵犯也。

吾們為德國民族努力，發生一種精神上的力量，因而來蒞是邦。吾人雖有身臨荷蘭地下者，實無對荷仇視之心。其在荷人，為歷史上錯誤所累，亦受流血之慘。當兩軍相持之際，荷蘭軍隊，知守規則；荷蘭平民，對待德軍，其態度亦屬合宜。是以並無理由，足以妨礙雙方之相互認識也。

吾德人之至是邦也，以有血統關係，亦以血統旋變疏遠關係，而認識益見深刻化。吾人對於荷蘭人民，對於荷蘭青年，抱有無限樂觀。吾人祝荷蘭男孩，成為勇敢強壯有作有為的人；吾人又祝荷蘭女孩，成立室家，為快樂的母親。吾人無論何時，均自認為良好血統所自出者。蓋由血統關係而生的責任，不為尋常事態所拘囿，亦不以缺乏觀念而有所限制也。要之，此點及因此而生之變化，乃能產生某種力量，使人生之大寶，得以發揮焉。

吾們來此，非欲摧殘民族性，亦非欲削奪一國的自由，蓋荷蘭以前為反抗宗教上之專制，為反抗Hapsburg帝室，因爭自由而先後奮鬥。此中經過，為吾人所知悉，於此次戰事，舉凡民族性、宗教自由等等均不發生問題。凡此諸端俱未受任何威脅。反之，則此次問題，在於荷蘭是否將成為一種工具；由是以摧殘德意志民族的信仰自由，與生命耳？

吾們對於此邦及其人民，既不欲以帝國主義的手段來相逼迫，亦不欲以吾們的政治上信念相加。吾們一切設施當事以目前特殊情形所需要者為標準。他方面則吾們對於此邦人民心血所在，態度方針，由是而定，亦即為吾們此後工作的標準。爾荷人須知，凡在此邦之德國人皆為吾領袖做事，為爾荷國做事之德國人與勞動者，及鬥士是也。

鄙人相信爾荷人在過去兼旬中，所得實際上之感覺，決不遺忘。德國軍隊，為德意志民族之鬥士，其所向無敵之氣概為爾荷人所目睹。爾等須知，吾八千萬人民的民族，在其最偉大的國民領導之下，其軍事力量，猶未盡量發揮，而其犧牲精神，罕與倫比。既為爭生存權而奮鬥，斷不遭逢失敗，亦斷不放棄其戰勝之結果。

至於西方諸民族間經濟上的關係，將來如何結合，當視德國軍隊之戰績而定之。歐洲的疆域，正向新的秩序集中結合。此後凡為保護階級利益，為保護資本主義利益，而設立之精神上壁壘，應悉予撤去。是故英國人民，若因戰事延長而日趨匱乏，要非吾德人之過。其在吾德人方面，則將對強國的鎮靜態度，靜觀時局的演變而已。茲所可斷言者，乃為新的歐洲，正在孕育產生之中。此新歐洲的偉大，及其需要的平均支配，將為強盛的新歐洲。荷蘭位於萊茵河入海處，握出口門戶，形勢益見雄壯。其成為經濟資源的腹地位益見鞏固矣。故鄙人盼望爾荷蘭人中，有勇氣有決心的人，得以明瞭此點焉。

鄙人以德國民政長官之地位，在德軍保護荷蘭領土民政範圍內，執行政府最高職權，以便保持公共秩序，與公共生活。鄙人將為一切必要之措置，連同含有司法性質者在內，俾得完成使命。

因此鄙人願維持現行荷蘭法律，維持荷蘭官廳，並保持司法獨立。至如何方能完成鄙人此項志願，其條件在於所有現任法官、官吏，以及教職員等，不獨明瞭於此事之無可變更，並須憬然於時局演變之必然結果。君等並當恪遵鄙人所頒布之一切命令，而人民等亦應以諒解的精神，遵守規則，自知管束。

德國民族，在領袖指導之下，為爭民族生存而奮鬥，而此次戰爭，實因吾們的二三敵國，懼我嫉我，實過而出此者。因而吾們不得不出全力以相周旋，即同時有權將所有可能的方法，盡量使用。亦以有此項需要與此項權利，故對於荷蘭人之生活與其經濟狀態，自亦將發生影響。雖然如此，荷德兩種民族，既有血統關係，鄙人敢說荷人生活上所受影響之淺深，當以同舟共濟之所需，與敵國實施破壞伎倆之程度，若何為準焉。

鄙人以德國民政長官之地位，當維護德國在荷蘭被佔領區內的利益。此項利益，鄙人將維護之。荷蘭人民就德荷共同命運，盡其職責，則彼等即可保證其本國之自由與前途矣。

荷蘭既因戰事蒙受損失，而英人之昔以荷蘭的朋友，荷蘭的拯救人自居者，今則變本加厲，使荷人受害益甚。故有不少橋樑及交通線，已被英人炸毀。而此項炸毀方法，既無意義且無實效，惟有英人視為有效而已。此外尚有許多設備暨建築物，亦因戰事而受損也。

吾們現願幫助荷人，恢復損失。因此鄙人欲行使我領袖所賦予之職權，俾得從早恢復。

鄙人以德國民政長官之地位，首先要做的事，即係設立一戰後建設基金。

以上各端，為鄙人今日就職所欲告荷人者。吾人並不願意挾武力以來此，吾人但願為保護人與主動人，永為荷蘭人的朋友，顧有一點，即吾歐人當擔負一種艱鉅的責任。此即以國家榮譽與共同工作為原則，創造新歐洲是也。

吾德意志民族，愛吾們的大德意志國，準備為國犧牲一切，同時因欲創造新的與和平的歐洲，對吾德人所為之呼籲，吾們亦明瞭其深刻的意義。吾人鑒於此項責任之偉大，從將最可珍貴的大德意志國，作為孤注一擲，藉期建設新的與更美麗的歐洲，以此易彼，亦所不辭。

吾們德人，並無猶豫之處。吾人觀察既明，自信斯深，蓋吾人有領袖關心於吾們命運也。彼敵兵對於吾國齊格勿理特防線Ligne Siegfried所唱無聊的唱曲，吾德人決不效法。反之吾領袖命令一下，吾人必將敵人防線一律攻破。吾們知悉吾們領袖凡百設施之最後傾向，在對於懷善意的人們，使得到可以持久的和平，與合乎道德的秩序。吾德人於完成領袖及歷史的志願的使命，得以共同負荷，實為最高等榮譽也。

謹為領袖致敬」

民政長官之下，後有四委員如左：

一、Dr. Winner管理行政，及司法事宜。
二、Commandant de Brigade Rauter管理公安事宜。
三、Ministre Fishböck管理財政經濟事宜。
四、M. Schmindt管理特務事宜。

德軍之在荷蘭，絕無騷擾行為，予居民以良好現象。居民之對德軍，亦無仇視行動。荷方官廳，後能與德軍部推誠合作，故在荷方認為一種絕好現象。在德方亦以荷人對德態度忠實，故對荷方，力持寬大態度。因而雙方俘虜，同時釋回。荷軍大部分陸續解甲歸田，仍留一部份幫同荷警，維持秩序。又雙方軍官兵士，相遇於途，彼此行禮，以示互相敬重。崔心誇就職無多時，一面招雇荷蘭工人，往德工作；一面又資送荷蘭青年，赴德觀光。此種經濟上精神上的合作尤具有深長意義焉。

六月二十九日，為培納親王Prince Bernhard生日。海牙市長，先期通知市民勿懸旗。向例，凡遇女王、公主親王生日，及王室吉凶大事，宮中備有簽名簿三冊，便賀者弔者簽名，至是群往簽名。又以親王喜佩之白色小花carnation

繫於衣襟。並於宮門前遍地鋪飾，以示慶祝。晨間雖人多尚無事。中午愈聚愈多，學生成群。既荷總司令General Winkleman亦到簽名。眾唱荷蘭國歌，有高呼恢復王室者。情緒緊張，荷警無法阻止。旋德警持機關鎗往彈壓，禁止簽名置花，並禁進宮。晚有德機數架，全城飛巡示威，幸未釀成慘劇。德方旋以簽名簿攜去，荷總司令免職，送往德國拘禁，總司令部裁撤軍官Voorst tot Voorst，送往Groningen省，每日須到德司令部簽名三次，失卻一部分自由。海牙市長Dr. de Monchy亦免職。事後荷蘭某要人談及此事，言一國既被佔領，即不應有此舉動，因而予佔領者官廳以口實，俾得藉此採取更嚴厲手段，殊為可惜云。

七月六日駐荷德軍司令Ohristainsen將軍布告稱：

「吾領袖寬大為懷，對於投誠敵兵，不欲長期拘禁，祇須解除武裝便可恢復自由，此種偉大襟懷，徵諸往史，罕有倫比，不謂此一片善意，竟為一般所利用。荷蘭一般士兵，紀律廢弛，對於德國軍政長官，殊少致敬，蓋即肇因於此，而Winkelman將軍，近以不奉命令遂致撤職拘辦，亦其一例。

溯自荷蘭中立地位，經前政府自行破壞，而德國軍事行動勝利以後，其現狀如何，以及將來大勢所趨，無待著龜。然而據最近一般人表示，是大多數荷人，對此尚欠明瞭，且亦不欲明瞭，蓋可概見。如數日前英方飛機之活動，完全由於荷人暗中指示，此乃顯而易見之事，本司令將不惜採取任何辦法，務期查拿，按照德國頒行之戰時懲治奸細條例治罪，尤當愷切說明者，舉凡給予德國敵人以任何方式之便利，始無論供給消息，或他種方便，其遺害所及，勢必使荷蘭同胞自身之生命財產，遭受犧牲，自無疑義。

吾德軍駐紮斯土，唯一職責，乃在保衛疆土，維持治安，尊嚴榮譽，不容侵犯，乃近有一般荷人，昧於斯義，竟爾疏忽。茲鄭重聲明辦明為左：

一、凡已解除武裝而仍著軍服之荷蘭官兵，每遇德國軍官多不行敬禮者。須知該官兵等，均由於我領袖過分體恤，不予拘禁，應如何自知檢束，免於咎戾。嗣後該官兵等，遇有德國軍政當局，不行敬禮或雖行敬禮，而態度疏忽者，本司令決不寬貸！凡軍人不重視行禮不但有違軍紀，而且非良好軍人。德國軍令，載有明文，不容忽視。

二、軍民等有損害德國軍隊或軍政人員，或對德國國旗黨徽有不敬表示者，均予嚴勵處置。

三、其有危害德國官兵者處死刑。

此外舉凡一切行動，有為前荷政府，或該政府內任何人員張目者，亦決不寬貸。」

自時厥後，德方態度，驟增強硬。管理統制，益見緊張。舉凡糧食汽油，暨其他必需物品，盡量搜括，而居民所需，則嚴加限制。工廠出品，亦須儘先供給德方。頒佈統制外匯條例令居民限期陳報外匯，及金銀硬貨，以便作價換發荷盾。其有違章不報，或所報虛偽者，分別處以監禁罰款。其外國無線電播音，並禁止收聽，違者懲處。其餘禁令，次第頒行。而特務警察密布偵邏。荷國朝野要人之行動暨其住宅，俱受嚴密監視。當戰事初起，荷蘭本國及其屬地居留德人，或遭軟禁，或被拘留。迨德軍佔領荷國，在荷諸德僑悉皆恢復自由。其在荷屬者則否。德因拘捕荷人數十人，以示報復。嗣則被捕人數逐漸加多，至上年歲杪乃有四千矣。此外以歷頓大學，與Delft之高工學校，以及他校學生，對於新頒布之待遇猶太籍人辦法，暨其他新章，表示反對，學校被封停課，學生亦有被捕者。

德軍既佔領海牙，駐荷中立國使節，以荷德開戰，及女王政府遷英各事，始終未准荷外部通知，故均仍照常留荷，無有隨往英國者。德方對待駐荷各使，固多禮貌，然頗多不便。各使不得與本國政府通密電，在感苦悶。各使中有代管交戰國使中有代管交戰國使館及其人民之利益者，尤其是駐荷美使，遇事向德方接洽，多所爭持，要為德方所不喜。初時各使以德方之態度未明，屬向探詢，未獲要領。既而德館首先裁撤，德外部派白奈為駐荷代表。六月初，德外部因向駐柏林各使節口頭聲明，謂德國已於荷蘭派有軍民長官，此後凡與荷蘭有關之政治或經濟事務，應由駐德使館，與德外部接洽。其屬地方領事性質事務，可由駐荷蘭使館，與派在荷蘭民政署之德外部代表Bene公使接洽云云。是月二十九日德外部後照全各館，譯文如左：

「德外部照開，挪威、荷蘭、比利時，及盧森堡，德已全境佔領。各該國法權，已入德手。且各該國前政府，業已逃離本國。其法律上之政府職務已不能行使。在此狀況下，各國派駐各該國前政府之外交代表已失其根據，如中國政府與各該國有關政治性質之事件，可由其在柏林之外交代表與德國外交部接

一樣通用。如是則德國可以自由購買原料，不遇困難。因推想德國願意荷國恢復獨立，蓋荷印豐富資源，為德人所屬意，亦惟有獨立的荷蘭，方能保持荷印，而以其資源供給德方也。柯氏之主張，大致如是。其前題，則在於恢復王室。因召集各黨領袖，加以討論，一致贊同，並成立九人委員會。推Groningen省省長Dr. J. Linthorst Homan為會長，仍與祕書長團合作。柯氏之所為，雖未經德方同意，然為德方所知悉。惟荷國國社黨與共產黨，柯氏並未邀同合作耳。

德國佔領荷蘭後之設施，與夫德荷雙方之態度與主張，有如上文所述。茲若更就半年間歐局趨勢及世界大勢以觀，則可撮要而焉。荷德戰事既告結束，越二星期，比亦降於德。德軍乃直攻法國西北海濱，聯軍大敗而退。德遂佔領海口數處以威脅英倫三島，轉戰而南，直趨巴黎。義又對英法宣戰，巴黎以六月十四日失守。越二日法政府改組求和。是月二十二日二十四日，先後對德義簽訂停戰條件。於是自挪威、荷、比、法團，以達於西班牙邊境之海岸線長經五千公里，盡入德軍手中。德軍渡海攻英之計畫固迄今猶未實現，而對英威脅則有增無減。自九月起，德空軍開始對英大規模轟炸，英空軍惟施報後，而不若敵軍之猛烈。其在東非、北非，英義交戰，初時義軍頗得手，近則英軍節節獲勝侵入義團屬地境內。十月杪義國突擊希臘，希臘努力抵抗，侵入Albania境。蓋德軍之迄未渡海，北非洲英軍之乘勝西驅，與夫希軍之進逼敵境，皆有賴於英國海軍之雄厚力量也。至於巴爾幹一隅，德國雖已事實上佔領羅馬尼亞，其是否出兵保加利亞以助義擊希，並以壓迫土耳其南侵巴力斯坦Palestine，以為非洲義軍之聲援則須視蘇聯態度以為斷。此次歐戰，蘇聯態度，固尚若即若離，欲保持其靜觀世變，舉足重輕之地位。而政治上，經濟上，則一再與德國訂約為之出力不少。德既佔領歐洲之一大部分糧食百品，隨地拾取。後得瑞典之鐵，羅馬尼亞之油以及蘇聯之數種原料。然則德國之持久力量，要亦未可忽視。反之英國得財富兵強資源充足之美國為之源源接濟，而美之助英態度，復日趨明顯。自九月二十七日德義日本三國訂約以還，美之願助英國，與其他民治國，其志益堅，其情益著。而其欲助中國之抗日也，亦漸多具體的表示。蓋我國抗禦寇軍三載有半，愈戰愈勇，百折不回。為己國生存與人道正義而奮鬥，真是使好意助我者，增加其勇氣也。

就目前歐戰局勢而觀，德之欲征服英倫三島，與英之欲驅退歐陸德軍，皆屬難以實現。然兩強相持，勢不並立，苟非至兩敗俱傷地步，則非一方戰勝，他方戰敗，即軍事難期結束。此若假定德國戰勝耶，則就德方現時的布置情形以觀，恐荷蘭將來或僅能擁有名義上之獨立。而德方根據血統關係文化合作途徑，使荷人斷趨德國化，則此後同文同軌，成為一家，亦非絕不可能矣。又若假定英國戰勝耶，則英國鑒於此次西歐戰事，比荷諸中立小國，不克以武力維護中立，致使德軍長驅直入，造成不可收拾的局面。德軍得此根據地，為英國之大患。他日戰事告終，荷比諸國固能恢復獨立，英國必將有切實有效的組織，使荷比北法諸地方，俱成為有效之屏障，此或亦應有之文章歟？

（八）荷屬東印度之地位與其前途

荷屬東印度，係集合瓜哇、蘇門答臘、婆羅洲、西來白、新幾厄亞諸大島，暨無數小島，屬荷政府統治。人口大千五百萬人，其半數居爪哇島，為荷印人煙最密之區。以人口論，荷屬東印度，在殖民地中，位居第一，此外南美洲荷屬幾阿那Dutch Kuianal，即蘇利南Surinam與克里沙Curacas，亦屬荷蘭，又稱荷屬西印度，依照一九二二年憲法規定，荷蘭屬地，為整個王國領土之一部分。

荷屬東印度資源異常豐富，一九三八年主要出口品為：

石油與石油副產物	五八八四〇〇〇密達噸
糖	一一九七〇〇〇
橡皮	三二〇〇〇〇
乾椰子肉	五六三〇〇〇
生錫	一九〇〇〇
熟錫	七〇〇〇
棕樹油palur oil	二二一〇〇〇

荷屬東印度供給全世界之原料，有規那皮即金雞納皮Cinchona、木棉纖維Kapok fibre、龍舌蘭（香料）Agave三種。

荷屬東印度出口品，輸往荷蘭本國者，約百分之二十，新加坡百分之十六又六，美國百分之十三又六。錫之運往新加坡提鍊者尤多。

最近統計，一九三九年分荷印對外貿易，美國占百分之四十三，英十八，荷蘭本國十四，日本百分之四。

荷印島嶼棋布，握太平印度兩洋交通要道。雖就維持屬地秩序與治安言，當地陸軍固自有其重大使命。若就對外關係言，則海防最關重要焉。

荷國現有海軍總力量，共約八萬噸。其分配擔任荷印防務者，則計輕巡洋艦三隻為（一）De Ruyter號排水量六四五〇噸，（二）Java號六六七〇噸，（三）Tromp號三三五〇噸，另有潛水艇十八隻及其他船隻。此外官軍力量，近年頗多增強，所購Glen Martin轟炸機尤多。祇以政治方面，太平洋風雲日趨緊張，戰略方面，徒有飛機、潛水艇而無雄厚海面力量，無以收巡弋策應之實效。於是醞釀年餘始於去年（一九四〇）二月間，決定添造戰鬥巡洋艦三艘，並擴大泗水軍港，欲藉以充實荷印海防。計畫粗定，而西歐之戰事已起矣。

按照此項造艦計畫，新艦三艘，以德國軍艦Gneisenau號為式樣，每隻排水量二七〇〇〇噸，裝設二八生里口徑大礮九門，速度三十三海哩。其性質既不類戰鬥艦，亦非重巡洋艦，實介乎二者之間，而兼有其長，至其對象，乃在於日本之Nagato號與Mutu號。此二號為日本兵艦中裝設完備，而式樣最新者。荷國新艦之速度與礮力，比之日方兩艦可占優勢。具新艦計畫而能全部實現，則此後荷方海軍總力量，可增一信矣。

荷印地勢之重要與資源之豐富既如彼，其現有海防力量之薄弱又如此，日人之所以窺伺於其旁，蓋不自今日始。平時日人恆藉經濟活動之名，深入腹地，勾結土人，盡量宣傳陰樹政治勢力。而日本高級海軍官員，往往化裝漁人，駕駛漁船，四處游弋，窺探要塞祕密測量，所在多有。日本《南洋雜誌》，刊行文字，又公然宣稱荷印乃日人南洋生命線。不擁有荷印，則無以保障日人在南太平洋地位之安全等語，其意安在，昭然若揭。

迨造艦之議起，而日人之野心益露。當此事在醞釀中，駐海牙日館，竭力游說荷政府要人，不謂荷方無此造船必要，即謂此種戰鬥巡洋艦，在現代實屬無用。及荷政府既有具體決定，日外相有田氏，乃聲明日對南洋祇求經濟合作，毫無領土野心。並表示願與荷政府，關於荷印地方，締結互不侵犯條約。同時荷政府亦發表聲明，略謂荷政府對於荷印地方實行門戶開放政策，數十年於茲，原則上歡迎外國資力以發展該處經濟。過去如是，將來不變。至於締結日荷互不侵犯條約一事，與荷國向來主張之獨立政策不符。於日方如欲締結此項條約，則應首先在行動上，切實表顯友好精神等語。及造艦案經第二院通過時，適日本政府訓令駐荷日使，照會荷政府，宣布廢棄日荷解紛條約焉。

迨挪威西歐之戰事作，而日人對荷印之猙獰面目，更暴露無遺矣！四月九日，德軍突然襲擊挪威，日本以為荷蘭之牽入漩渦，旦夕間事耳。其報章論調，謂荷蘭本國一旦有事，則荷印或將暫歸英國統治，或荷方請求美國出而保護，或荷政府遷至巴達維亞。既有此三項可能性，日本為保護其利益計，須為必要之處置，是月十八日日長有田發表聲明，稱日本於南洋地方，尤其是荷印，彼此相互供給需要，經濟上發生密切關係。又東亞其他各國，與南洋地方，亦有類似的經濟關係。故日本與東亞諸國，與該地方相互救濟，痛癢相關，以發展東亞之繁榮。假使戰事延及荷蘭，使荷印蒙受影響，則在經濟上、政治上，必將造成一種不快意之局面。因此，日本政府對於歐戰蔓延，有礙荷印現狀之發展，引為惶慮等語。越數日，荷政府答覆，謂荷蘭並未、亦不欲請求任何國相助，保護荷印。即任何國提議保護，或干涉者，荷國必加拒絕。同時美國務卿赫爾聲稱，兄不以和平方法，對於荷印內政有所干涉，或對其現狀，有所變更則不獨在荷印地方，並且在整個太平洋地方，均有礙於鞏固和平安全之維持，於是日本報紙認為赫爾此項聲明，不啻對於西太平洋之事，無端加以干涉。亦有謂於將世界重新分配則和平永不能實現者。

五月十日之變，荷印總督發表聲明，除稱荷印與本國一致德作戰，並助本國而外。並言荷印在國際上之政治地位，無所變更，荷印總督，當繼續統治，並保護荷印，亦不求助於外力云云。日外部發言人說，日本欲荷印維持現狀。次日外長召見英、美、德、義、法、荷諸使節重申四月十五日之聲言稱不問歐戰結果若何，日本決不容許荷印地位，有所變更。同時美國艦隊，集中於夏威夷軍港。此固與一般的遠東局勢有關繫，亦所以表明美國之不欲荷印現狀改變也。同時英大使告日外長，亦言英國同意維持現狀。及荷蘭本國既被佔領，日本為荷印問題，與德國交換意見。德政府以並未從事於該問題，答覆日政府。

日本之窺伺荷印也，政治、經濟、軍事、商戰諸端，均有其動機，而其欲獲到石油接濟，尤為其先務之急。緣日本每年產油量約四十萬噸，平時仰給輸入，在三百萬與四百萬噸之間。其中運自美國者，約百分之六十五，運自荷印者，百分之二十。比以美國之是否繼續接濟，已成疑問，故有賴於荷印更殷，即其覬覦荷印也亦益亟。日本侵略鄰邦，向來罔擇手段，無所不為，其慣伎則用分化方法。故其侵略我國東三省也，先使東三省逐漸脫離中央，至於分裂自立，而後已則任意吞噬。數年前之欲圖宰割華北也，亦同此法，今則以此加諸荷印矣。緣平時日方主張，關於荷印之事，當由自政府與荷印政府，直接交涉。海牙當局，堅持不允。及荷蘭被德軍佔領，荷政府為歐洲局勢所迫，不得已告日外部，此後駐日荷館，受荷印總督之指揮，日本乃乘機償其宿願特派大員，前往訪問。而去年冬，日軍以屢受我國重兵壓迫，自南寧，欽洲，潿洲島等處，相繼敗退後，集中於海南島，日夜加緊訓練。一方面既藉假道攻滇為名，駐兵越南，他方面復唆使暹羅與越南尋釁，其欲待時而動，以實現其南進政策，項莊舞劍，此其用意可知也。

然則荷印之前途，將如何耶？曰就目前局勢而論，美、日二國，均同意於維持荷印現狀。此次歐戰若英不戰敗，則日本於香港，馬來半島等處，未必遽有啟釁行為，亦即未必遽侵荷印。同時若使遠東得以暫保目前局面，則日本亦未必遽侵荷印。反之若太平洋無戰事，而日本海軍力量不消滅，則荷印亦決不入日本以外之國之乎。惟美國以經濟地勢關係，對於荷印重視異常。此則決非任何他國所有忽視者，總而言之，在目前形勢之下，荷印猶得於列強均勢，及日方不斷的威脅狀態之下，繼續維持其現狀，以待歐戰之發展與結束，與夫太平洋之是否捲入漩渦也。

編輯說明：

〈德荷戰事經過情形初稿〉一文為一九四一年時任中華民國駐荷蘭公使的金問泗，呈書當時的中華民國駐英國大使顧維鈞之內容。

文中詳細記載了二次大戰時，德國攻打荷蘭之戰爭過程。原文為金問泗手寫稿，今重新打字、編排。

特別致謝中央研究院近代史研究所張力老師提供此珍貴史料，並協助內文確認。

金問泗事略年表

蔡登山　輯

時間	年齡	事件
一八九二年	一歲	四月二十七日，出生於浙江平湖一個詩書世家，小名連，號純孺。其父名兆蕃，號籛孫，別號藥夢，光緒己丑舉人，工詩文。
一九一〇年	十八歲	少年時期多居於平湖與上海。此年自上海復旦公學畢業，因其父時任北京政府財政部僉事，舉家遷往北京。之後就讀於天津北洋大學。
一九一五年	二十三歲	獲得天津北洋大學法學學士學位。
一九一六年	二十四歲	夏，參加北京政府首次舉辦外交官領事官考試，成績優異，以政務科學習員身分進入外交部。
一九一七年	二十五歲	派駐為駐美使館學習員，成為駐美公使顧維鈞的助手。同年，就讀紐約哥倫比亞大學，專修國際公法及外交學，師從國際法權威謨亞（John Bassett Moort，一八六〇－一九四七）教授。
一九一九年	二十七歲	一月初，赴法任中國出席巴黎和會代表團副祕書，並獲謨亞教授特許提早應考畢業，獲美國哥倫比亞大學法學碩士學位。

時間	年齡	事件
一九二〇年	二十八歲	冬，任職於駐英國使館之國際聯合會中國代表辦事處祕書及專門委員，隨駐英公使顧維鈞往返倫敦、日內瓦、巴黎出席國聯會議。
一九二一年	二十九歲	十一月，任中國出席華盛頓會議代表團祕書，隨全權代表顧維鈞由英赴美，襄辦關稅問題，並隨同出席該問題之關稅分委員會。
一九二二年	三十歲	二月，華盛頓會議閉幕，任職北洋政府財政部，專門研究關稅問題。不久，被調回外交部，任通商司榷稅科科長，同時在關稅特別會議籌備處服務。
一九二四年	三十二歲	外交部暫設中俄會議會務處，處理債務議題，被任命為會務處辦事，其後在外交部擔任第一司司長。五月三日，與朱美芳（四川成都人）結婚，婚後在北京相繼生下長子金咸彬和次子金咸彰。
一九二五年	三十三歲	兼外交部議事處幫辦（處長錢泰）。
一九二六年	三十四歲	任外交部僉事，後改任詞訟科科長。
一九二七年	三十五歲	七月任上海特別市政府專任參議，襄辦外交事宜。
一九二八年	三十六歲	三月，任國民政府第一司司長。四月，任外交部駐江蘇交涉員。
一九二九年	三十七歲	二月，任駐荷蘭公使。（以母衰未即往就）。
一九三〇年	三十八歲	任農礦、實業二部參事。

時間	年齡	事件
一九三一年	三十九歲	擔任外交部代理常務次長，時顧維鈞接任外交部長。
一九三二年	四十歲	四月，工作於國際聯盟調查團中國代表處，並隨同李頓調查團至北平、瀋陽調查。九月，任中國出席國聯行政院副代表前往日內瓦，參加國際聯盟討論《李頓調查團報告書》（The Lytton Commission Report）會議。
一九三三年	四十一歲	五月，國府任為荷蘭公使。九月，向荷蘭女王威廉明娜（Queen Wilhelmina）呈遞國書。
一九三四年	四十二歲	九月，任國聯行政院玻利維亞巴拉圭事件委員會委員。
一九三六年	四十四歲	二月，回國述職。九月，回任荷蘭公使。
一九三七年	四十五歲	十一月，隨顧維鈞、郭泰祺、錢泰三代表出席比京「九國公約會議」
一九三八年	四十六歲	由日內瓦返回海牙，奉命與荷蘭政府商洽，請求禁止以軍械、飛機、石油、鋼鐵等物資授與日本。
一九三九年	四十七歲	七月，開始以英文撰寫〈中日危機之最近進展情形〉（The Latest Phase of the Sino-Japanese Crisis）報告日本侵略中國及損害歐美各國在東亞利益之情形，分送荷蘭政、商、學各界及輿論界，同時呈部備案。

時間	年齡	事件
一九四〇年	四十八歲	五月，德軍進犯荷蘭，女王威廉明娜逃往倫敦。七月，公使館停辦，奉命離荷暫居日內瓦。
一九四一年	四十九歲	五月，奉部令至倫敦執行駐荷使館館務，同月以駐荷全權公使兼代駐比利時大使館館務。八月，兼代駐捷克公使館館務。
一九四二年	五十歲	一月，兼代駐波蘭公使館館務。十月，任中國出席倫敦「太平洋軍事會議」代表（主席邱吉爾）。同年與荷蘭外交部議訂《中荷新約》。
一九四三年	五十一歲	二月，升任駐荷蘭全權大使。四月，卸去駐比大使職務。
一九四四年	五十二歲	八月，任中國出席戰罪問題委員會代表。九月，以駐荷蘭大使兼駐比利時大使、駐挪威大使、駐捷克大使。
一九四五年	五十三歲	專任駐比大使，仍暫兼駐挪威大使、駐捷克大使，並兼代駐波蘭公使館館務。八月，代表蔣主席接受比京自由大學贈予之榮譽博士學位。九月，奉召返渝述職。
一九四六年	五十四歲	四月，以駐比大使兼出席巴黎和會中國代表團副代表（團長王世杰）。九月，兼聯合國希臘邊境糾紛調查團中國代表團團長（副團長薛光前）。

時間	年齡	事件
一九四七年	五十五歲	一月，隨調查團由巴黎抵雅典，並至南斯拉夫、保加利亞、阿爾巴尼亞三國調查，至五月調查團在希臘工作告一段落。
一九四八年	五十六歲	八月，任聯合國貿易就業會議簽字國會議中國代表團首席代表。
一九四九年	五十七歲	一月，以駐比大使兼駐盧森堡公使。十月，國府與波蘭絕交，下令關閉使館。同月，免去駐挪威大使一職。
一九五二年	六十歲	比利時有意與中共建交，金問泗提請退休。
一九五五年	六十三歲	六月，准辭去駐比大使職務。
一九五九年	六十七歲	三月，准辭去駐盧森堡公使職務。退休後初居紐約，後移居華盛頓附近貝塞斯達（Bethesda）。
一九六八年	七十六歲	四月二十一日，心臟病突發，在華盛頓病逝。

血歷史155　PC0860

新銳文創
INDEPENDENT & UNIQUE

外交工作的回憶：金問泗的駐外生涯回首

原　　著　金問泗
主　　編　蔡登山
責任編輯　鄭夏華
圖文排版　詹羽彤
封面設計　王嵩賀

出版策劃　新銳文創
發 行 人　宋政坤
法律顧問　毛國樑　律師
製作發行　秀威資訊科技股份有限公司
114 台北市內湖區瑞光路76巷65號1樓
電話：+886-2-2796-3638　傳真：+886-2-2796-1377
服務信箱：service@showwe.com.tw
http://www.showwe.com.tw
郵政劃撥　19563868　戶名：秀威資訊科技股份有限公司
展售門市　國家書店【松江門市】
104 台北市中山區松江路209號1樓
電話：+886-2-2518-0207　傳真：+886-2-2518-0778
網路訂購　秀威網路書店：https://store.showwe.tw
國家網路書店：https://www.govbooks.com.tw

出版日期　2019年12月　BOD一版
定　　價　340元

Printed in Taiwan

國家圖書館出版品預行編目

外交工作的回憶 / 金問泗原著；蔡登山主編. --
一版. -- 臺北市：新銳文創, 2019.12
面； 公分. -- (血歷史 ; 155)
BOD版
ISBN 978-957-8924-74-1 (平裝)
1.金問泗 2.外交人員 3.回憶錄

783.3886 108017090

讀者回函卡

感謝您購買本書，為提升服務品質，請填妥以下資料，將讀者回函卡直接寄回或傳真本公司，收到您的寶貴意見後，我們會收藏記錄及檢討，謝謝！

如您需要了解本公司最新出版書目、購書優惠或企劃活動，歡迎您上網查詢或下載相關資料：http:// www.showwe.com.tw

您購買的書名：______________________________

出生日期：________年________月________日

學歷：□高中（含）以下　□大專　□研究所（含）以上

職業：□製造業　□金融業　□資訊業　□軍警　□傳播業　□自由業

□服務業　□公務員　□教職　□學生　□家管　□其它_____

購書地點：□網路書店　□實體書店　□書展　□郵購　□贈閱　□其他

您從何得知本書的消息？

□網路書店　□實體書店　□網路搜尋　□電子報　□書訊　□雜誌

□傳播媒體　□親友推薦　□網站推薦　□部落格　□其他__________

您對本書的評價：（請填代號　1.非常滿意　2.滿意　3.尚可　4.再改進）

封面設計____　版面編排____　內容____　文／譯筆____　價格____

讀完書後您覺得：

□很有收穫　□有收穫　□收穫不多　□沒收穫

對我們的建議：______________________________

____

____

____

請貼
郵票

11466
台北市內湖區瑞光路 76 巷 65 號 1 樓
秀威資訊科技股份有限公司 收
BOD 數位出版事業部

（請沿線對折寄回，謝謝！）

姓　　名：__________ 年齡：______ 性別：□女　□男

郵遞區號：□□□□□

地　　址：__________

聯絡電話：(日) __________ (夜) __________

E-mail：__________